TRANZLATY

Language is for everyone

Język jest dla każdego

The Call of the Wild

Zew krwi

Jack London

English / Polsku

Into the Primitive
Do prymitywu

Buck did not read the newspapers.
Buck nie czytał gazet.
Had he read the newspapers he would have known trouble was brewing.
Gdyby czytał gazety, wiedziałby, że szykują się kłopoty.
There was trouble not alone for himself, but for every tidewater dog.
Kłopoty dotyczyły nie tylko jego, ale i każdego psa wodnego.
Every dog strong of muscle and with warm, long hair was going to be in trouble.
Każdy pies o silnych mięśniach, ciepłej i długiej sierści będzie miał kłopoty.
From Puget Bay to San Diego no dog could escape what was coming.
Od Puget Bay do San Diego żaden pies nie mógł uciec przed tym, co nadchodziło.
Men, groping in the Arctic darkness, had found a yellow metal.
Mężczyźni, błądząc w arktycznej ciemności, znaleźli żółty metal.
Steamship and transportation companies were chasing the discovery.
Odkryciem tym interesowały się firmy żeglugowe i transportowe.
Thousands of men were rushing into the Northland.
Tysiące ludzi ruszyło na Północ.
These men wanted dogs, and the dogs they wanted were heavy dogs.
Ci mężczyźni chcieli psów i psy, których chcieli, były ciężkie.
Dogs with strong muscles by which to toil.
Psy o silnych mięśniach, dzięki którym mogą ciężko pracować.
Dogs with furry coats to protect them from the frost.
Psy z futrzaną sierścią chroniącą je przed mrozem.

Buck lived at a big house in the sun-kissed Santa Clara Valley.
Buck mieszkał w dużym domu w słonecznej Dolinie Santa Clara.

Judge Miller's place, his house was called.
Dom sędziego Millera nazywano jego domem.

His house stood back from the road, half hidden among the trees.
Jego dom stał z dala od drogi, częściowo ukryty wśród drzew.

One could get glimpses of the wide veranda running around the house.
Można było dostrzec fragment szerokiej werandy otaczającej dom.

The house was approached by graveled driveways.
Do domu prowadziły żwirowe podjazdy.

The paths wound about through wide-spreading lawns.
Ścieżki wiły się przez rozległe trawniki.

Overhead were the interlacing boughs of tall poplars.
Nad naszymi głowami przeplatały się gałęzie wysokich topoli.

At the rear of the house things were on even more spacious.
W tylnej części domu było jeszcze przestronniej.

There were great stables, where a dozen grooms were chatting
Były tam duże stajnie, w których rozmawiało kilkunastu stajennych

There were rows of vine-clad servants' cottages
Stały tam rzędy domków dla służby porośniętych winoroślą

And there was an endless and orderly array of outhouses
I była tam nieskończona i uporządkowana kolekcja ubikacji

Long grape arbors, green pastures, orchards, and berry patches.
Długie winnice, zielone pastwiska, sady i pola jagodowe.

Then there was the pumping plant for the artesian well.
Następnie znajdowała się tam stacja pompująca wodę do studni artezyjskiej.

And there was the big cement tank filled with water.

A tam był wielki cementowy zbiornik wypełniony wodą.

Here Judge Miller's boys took their morning plunge.

Oto synowie sędziego Millera biorący poranny prysznic.

And they cooled down there in the hot afternoon too.

I tam też mogli się ochłodzić w upalne popołudnie.

And over this great domain, Buck was the one who ruled all of it.

A nad całym tym wielkim terytorium rządził Buck.

Buck was born on this land and lived here all his four years.

Buck urodził się na tej ziemi i mieszkał tutaj przez wszystkie cztery lata.

There were indeed other dogs, but they did not truly matter.

Owszem, były też inne psy, ale tak naprawdę nie miały one większego znaczenia.

Other dogs were expected in a place as vast as this one.

W tak ogromnym miejscu spodziewano się innych psów.

These dogs came and went, or lived inside the busy kennels.

Te psy przychodziły i odchodziły, albo mieszkały w zatłoczonych kojcach.

Some dogs lived hidden in the house, like Toots and Ysabel did.

Niektóre psy mieszkały w ukryciu w domu, tak jak Toots i Ysabel.

Toots was a Japanese pug, Ysabel a Mexican hairless dog.

Toots był japońskim mopsem, a Ysabel meksykańskim psem bez sierści.

These strange creatures rarely stepped outside the house.

Te dziwne stworzenia rzadko wychodziły poza dom.

They did not touch the ground, nor sniff the open air outside.

Nie dotykały ziemi, ani nie wąchały powietrza na zewnątrz.

There were also the fox terriers, at least twenty in number.

Były tam również foksteriery, w liczbie co najmniej dwudziestu.

These terriers barked fiercely at Toots and Ysabel indoors.

Te teriery szczekały zawzięcie na Toots i Ysabel, gdy były w domu.

Toots and Ysabel stayed behind windows, safe from harm.
Toots i Ysabel pozostały za oknami, bezpieczne od
niebezpieczeństwa.
They were guarded by housemaids with brooms and mops.
Strzegły ich pokojówki z miotłami i mopami.
But Buck was no house-dog, and he was no kennel-dog either.
Ale Buck nie był psem domowym, ani też nie był psem
trzymanym w kojcu.
The entire property belonged to Buck as his rightful realm.
Cała posiadłość należała do Bucka i była jego prawowitym
królestwem.
Buck swam in the tank or went hunting with the Judge's sons.
Buck pływał w akwarium lub chodził na polowanie z synami
sędziego.
He walked with Mollie and Alice in the early or late hours.
Spacerował z Mollie i Alice wczesnym rankiem lub późnym
wieczorem.
On cold nights he lay before the library fire with the Judge.
W chłodne noce leżał przed kominkiem w bibliotece z Sędzią.
Buck gave rides to the Judge's grandsons on his strong back.
Buck na swoim silnym grzbiecie woził wnuków sędziego.
He rolled in the grass with the boys, guarding them closely.
Tarzał się w trawie z chłopcami, pilnując ich czujnie.
They ventured to the fountain and even past the berry fields.
Wybrali się do fontanny i przeszli obok pól jagodowych.
Among the fox terriers, Buck walked with royal pride always.
Wśród foksterierów Buck zawsze kroczył z królewską dumą.
He ignored Toots and Ysabel, treating them like they were air.
Zignorował Toots i Ysabel, traktując je jak powietrze.
Buck ruled over all living creatures on Judge Miller's land.
Buck sprawował władzę nad wszystkimi istotami żyjącymi na
ziemi sędziego Millera.
He ruled over animals, insects, birds, and even humans.

Panował nad zwierzętami, owadami, ptakami, a nawet ludźmi.

Buck's father Elmo had been a huge and loyal St. Bernard.

Ojciec Bucka, Elmo, był wielkim i lojalnym bernardynam.

Elmo never left the Judge's side, and served him faithfully.

Elmo nigdy nie odstępował Sędziego i wiernie mu służył.

Buck seemed ready to follow his father's noble example.

Wydawało się, że Buck był gotowy pójść w ślady ojca.

Buck was not quite as large, weighing one hundred and forty pounds.

Buck nie był aż tak duży, ważył sto czterdzieści funtów.

His mother, Shep, had been a fine Scotch shepherd dog.

Jego matka, Shep, była wspaniałym szkockim owczarkiem.

But even at that weight, Buck walked with regal presence.

Ale nawet przy tej wadze Buck chodził z majestatyczną postawą.

This came from good food and the respect he always received.

Wynikało to z dobrego jedzenia i szacunku, jakim zawsze się cieszył.

For four years, Buck had lived like a spoiled nobleman.

Przez cztery lata Buck żył jak rozpieszczony szlachcic.

He was proud of himself, and even slightly egotistical.

Był z siebie dumny, a nawet lekko egoistyczny.

That kind of pride was common in remote country lords.

Tego rodzaju duma była powszechna wśród odległych właścicieli ziemskich.

But Buck saved himself from becoming pampered house-dog.

Jednak Buck uchronił się przed zostaniem rozpieszczonym psem domowym.

He stayed lean and strong through hunting and exercise.

Dzięki polowaniom i ćwiczeniom zachował szczupłą i silną sylwetkę.

He loved water deeply, like people who bathe in cold lakes.

Kochał wodę całym sercem, jak ludzie kąpiący się w zimnych jeziorach.

This love for water kept Buck strong, and very healthy.
Miłość do wody sprawiała, że Buck był silny i zdrowy.

This was the dog Buck had become in the fall of 1897.
Właśnie w takiego psa zamienił się Buck jesienią 1897 roku.

When the Klondike strike pulled men to the frozen North.
Kiedy uderzenie pioruna z Klondike przyciągnęło ludzi na mroźną Północ.

People rushed from all over the world into the cold land.
Ludzie z całego świata przybywali do zimnej krainy.

Buck, however, did not read the papers, nor understand news.
Buck jednak nie czytał gazet i nie rozumiał wiadomości.

He did not know Manuel was a bad man to be around.
Nie wiedział, że Manuel jest złym człowiekiem.

Manuel, who helped in the garden, had a deep problem.
Manuel, który pomagał w ogrodzie, miał poważny problem.

Manuel was addicted to gambling in the Chinese lottery.
Manuel był uzależniony od hazardu w chińskiej loterii.

He also believed strongly in a fixed system for winning.
Wierzył także mocno w ustalony system wygrywania.

That belief made his failure certain and unavoidable.
To przekonanie uczyniło jego porażkę pewną i nieuniknioną.

Playing a system demands money, which Manuel lacked.
Granie w ten system wymaga pieniędzy, których Manuelowi brakowało.

His pay barely supported his wife and many children.
Jego zarobki ledwo wystarczały na utrzymanie żony i licznego grona dzieci.

On the night Manuel betrayed Buck, things were normal.
W noc, kiedy Manuel zdradził Bucka, wszystko było normalne.

The Judge was at a Raisin Growers' Association meeting.
Sędzia był na spotkaniu Stowarzyszenia Plantatorów Rodzynek.

The Judge's sons were busy forming an athletic club then.
Synowie sędziego byli wówczas zajęci zakładaniem klubu sportowego.

No one saw Manuel and Buck leaving through the orchard.

Nikt nie widział Manuela i Bucka wychodzących przez sad.

Buck thought this walk was just a simple nighttime stroll.

Buck myślał, że ten spacer będzie po prostu zwykłym nocnym spacerem.

They met only one man at the flag station, in College Park.

Spotkali tylko jednego mężczyznę na stacji flagowej w College Park.

That man spoke to Manuel, and they exchanged money.

Ten mężczyzna rozmawiał z Manuelem i wymienili się pieniędzmi.

"Wrap up the goods before you deliver them," he suggested.

„Zapakuj towar przed dostarczeniem" – zasugerował.

The man's voice was rough and impatient as he spoke.

Głos mężczyzny był szorstki i niecierpliwy, gdy mówił.

Manuel carefully tied a thick rope around Buck's neck.

Manuel ostrożnie zawiązał grubą linę wokół szyi Bucka.

"Twist the rope, and you'll choke him plenty"

„Skręć linę, a go mocno udusisz"

The stranger gave a grunt, showing he understood well.

Nieznajomy chrząknął, pokazując, że dobrze zrozumiał.

Buck accepted the rope with calm and quiet dignity that day.

Tego dnia Buck przyjął linę ze spokojem i cichą godnością.

It was an unusual act, but Buck trusted the men he knew.

Było to niezwykłe posunięcie, ale Buck ufał ludziom, których znał.

He believed their wisdom went far beyond his own thinking.

Wierzył, że ich mądrość wykracza daleko poza jego własne myślenie.

But then the rope was handed to the hands of the stranger.

Ale potem lina została przekazana w ręce nieznajomego.

Buck gave a low growl that warned with quiet menace.

Buck wydał z siebie niski warkot, w którym było słychać ostrzegawcze, ciche zagrożenie.

He was proud and commanding, and meant to show his displeasure.

Był dumny i władczy, i chciał okazać swoje niezadowolenie.

Buck believed his warning would be understood as an order.

Buck był przekonany, że jego ostrzeżenie zostanie zrozumiane jako rozkaz.

To his shock, the rope tightened fast around his thick neck.

Ku jego zaskoczeniu, lina zacisnęła się mocno wokół jego grubej szyi.

His air was cut off and he began to fight in a sudden rage.

Stracił dopływ powietrza i zaczął walczyć w nagłym przypływie wściekłości.

He sprang at the man, who quickly met Buck in mid-air.

Skoczył na mężczyznę, który szybko spotkał się z Buckiem w locie.

The man grabbed Buck's throat and skillfully twisted him in the air.

Mężczyzna złapał Bucka za gardło i zręcznie wykręcił mu ciało w powietrzu.

Buck was thrown down hard, landing flat on his back.

Buck został rzucony na ziemię i wylądował płasko na plecach.

The rope now choked him cruelly while he kicked wildly.

Lina dusiła go teraz boleśnie, podczas gdy on kopał jak szalony.

His tongue fell out, his chest heaved, but gained no breath.

Język mu wypadł, pierś unosiła się i opadała, ale nie mógł złapać oddechu.

He had never been treated with such violence in his life.

Nigdy w życiu nie spotkał się z tak brutalnym traktowaniem.

He had also never been filled with such deep fury before.

Nigdy wcześniej nie czuł tak głębokiej wściekłości.

But Buck's power faded, and his eyes turned glassy.

Jednak moc Bucka osłabła, a jego oczy zrobiły się szklane.

He passed out just as a train was flagged down nearby.

Zemdlał akurat w chwili, gdy w pobliżu zatrzymano pociąg.

Then the two men tossed him into the baggage car quickly.

Następnie dwaj mężczyźni szybko wrzucili go do wagonu bagażowego.

The next thing Buck felt was pain in his swollen tongue.

Następną rzeczą, jaką poczuł Buck, był ból w spuchniętym języku.

He was moving in a shaking cart, only dimly conscious.

Poruszał się na trzęsącym się wózku, ledwie przytomny.

The sharp scream of a train whistle told Buck his location.

Głośny dźwięk gwizdka pociągu wskazał Buckowi jego lokalizację.

He had often ridden with the Judge and knew the feeling.

Często jeździł z Sędzią i znał to uczucie.

It was the unique jolt of traveling in a baggage car again.

To było niesamowite przeżycie, gdy znów podróżowałem wagonem bagażowym.

Buck opened his eyes, and his gaze burned with rage.

Buck otworzył oczy, a jego spojrzenie płonęło wściekłością.

This was the anger of a proud king taken from his throne.

To był gniew dumnego króla, strąconego z tronu.

A man reached to grab him, but Buck struck first instead.

Jakiś mężczyzna wyciągnął rękę, żeby go złapać, ale Buck zaatakował pierwszy.

He sank his teeth into the man's hand and held tightly.

Zatopił zęby w dłoni mężczyzny i mocno ją ścisnął.

He did not let go until he blacked out a second time.

Nie puścił mnie, dopóki nie stracił przytomności po raz drugi.

"Yep, has fits," the man muttered to the baggageman.

„Tak, ma napady" – mruknął mężczyzna do bagażowego.

The baggageman had heard the struggle and come near.

Bagażowy usłyszał odgłosy walki i podszedł bliżej.

"I'm taking him to 'Frisco for the boss," the man explained.

„Zabieram go do Frisco dla szefa" – wyjaśnił mężczyzna.

"There's a fine dog-doctor there who says he can cure them."

„Jest tam świetny lekarz-ps, który twierdzi, że potrafi je wyleczyć."

Later that night the man gave his own full account.

Później tej samej nocy mężczyzna złożył własną, szczegółową relację.

He spoke from a shed behind a saloon on the docks.

Przemawiał z szopy za saloonem na nabrzeżu.

"All I was given was fifty dollars," he complained to the saloon man.

„Dano mi tylko pięćdziesiąt dolarów" – poskarżył się właścicielowi saloonu.

"I wouldn't do it again, not even for a thousand in cold cash."

„Nie zrobiłbym tego ponownie, nawet za tysiąc w gotówce".

His right hand was tightly wrapped in a bloody cloth.

Jego prawa ręka była ciasno owinięta zakrwawioną tkaniną.

His trouser leg was torn wide open from knee to foot.

Jego nogawka była szeroko rozdarta od kolana do stopy.

"How much did the other mug get paid?" asked the saloon man.

„Ile zarobił ten drugi facet?" – zapytał właściciel saloonu.

"A hundred," the man replied, "he wouldn't take a cent less."

„Sto" – odpowiedział mężczyzna – „nie wziąłby ani centa mniej".

"That comes to a hundred and fifty," the saloon man said.

„To daje sto pięćdziesiąt" – powiedział właściciel saloonu.

"And he's worth it all, or I'm no better than a blockhead."

„I on jest tego wszystkiego wart, w przeciwnym razie jestem niczym więcej niż tępym durniem".

The man opened the wrappings to examine his hand.

Mężczyzna otworzył opakowanie, aby obejrzeć swoją dłoń.

The hand was badly torn and crusted in dried blood.

Ręka była poważnie rozdarta i pokryta zaschniętą krwią.

"If I don't get the hydrophobia…" he began to say.

„Jeśli nie dostanę wścieklizny…" zaczął mówić.

"It'll be because you were born to hang," came a laugh.

„To dlatego, że urodziłeś się, by wisieć" – rozległ się śmiech.

"Come help me out before you get going," he was asked.

„Przyjdź i pomóż mi, zanim pójdziesz" – poproszono go.

Buck was in a daze from the pain in his tongue and throat.

Buck był oszołomiony bólem języka i gardła.

He was half-strangled, and could barely stand upright.

Był na wpół uduszony i ledwo mógł ustać na nogach.

Still, Buck tried to face the men who had hurt him so.

Buck nadal próbował stawić czoła ludziom, którzy go tak skrzywdzili.

But they threw him down and choked him once again.

Jednak oni znowu go przewrócili i udusili.

Only then could they saw off his heavy brass collar.

Dopiero wtedy mogli odciąć mu ciężki mosiężny kołnierz.

They removed the rope and shoved him into a crate.

Zdjęli mu linę i wrzucili do skrzyni.

The crate was small and shaped like a rough iron cage.

Skrzynia była mała i miała kształt prostej żelaznej klatki.

Buck lay there all night, filled with wrath and wounded pride.

Buck leżał tam całą noc, przepełniony gniewem i zranioną dumą.

He could not begin to understand what was happening to him.

Nie mógł pojąć, co się z nim dzieje.

Why were these strange men keeping him in this small crate?

Dlaczego ci obcy mężczyźni trzymali go w tej małej klatce?

What did they want with him, and why this cruel captivity?

Czego od niego chcieli i dlaczego skazali go na tak okrutną niewolę?

He felt a dark pressure; a sense of disaster drawing closer.

Poczuł mroczną presję; przeczucie, że katastrofa jest coraz bliżej.

It was a vague fear, but it settled heavily on his spirit.

Był to nieokreślony strach, ale mocno zakorzenił się w jego duszy.

Several times he jumped up when the shed door rattled.

Kilkakrotnie podskakiwał, gdy drzwi szopy zatrzeszczały.

He expected the Judge or the boys to appear and rescue him.

Spodziewał się, że sędzia lub chłopcy przyjdą i go uratują.

But only the saloon-keeper's fat face peeked inside each time.

Ale za każdym razem do środka zaglądała tylko tłusta twarz właściciela saloonu.

The man's face was lit by the dim glow of a tallow candle.

Twarz mężczyzny oświetlał słaby blask łojowej świecy.

Each time, Buck's joyful bark changed to a low, angry growl.

Za każdym razem radosne szczekanie Bucka zmieniało się w niskie, gniewne warczenie.

The saloon-keeper left him alone for the night in the crate

Właściciel saloonu zostawił go samego na noc w skrzyni

But when he awoke in the morning more men were coming.

Ale gdy się rano obudził, nadchodziło więcej mężczyzn.

Four men came and gingerly picked up the crate without a word.

Przyszło czterech mężczyzn i ostrożnie, nie mówiąc ani słowa, podnieśli skrzynię.

Buck knew at once the situation he found himself in.

Buck od razu zdał sobie sprawę z sytuacji, w jakiej się znalazł.

They were further tormentors that he had to fight and fear.

Byli oni dla niego kolejnymi prześladowcami, z którymi musiał walczyć i których musiał się bać.

These men looked wicked, ragged, and very badly groomed.

Ci mężczyźni wyglądali groźnie, byli obdarci i bardzo źle ubrani.

Buck snarled and lunged at them fiercely through the bars.

Buck warknął i rzucił się na nich z wściekłością przez kraty.

They just laughed and jabbed at him with long wooden sticks.

Oni tylko się śmiali i dźgali go długimi, drewnianymi kijami.

Buck bit at the sticks, then realized that was what they liked.

Buck ugryzł patyki, ale potem zrozumiał, że to właśnie one lubią.

So he lay down quietly, sullen and burning with quiet rage.

Więc położył się spokojnie, ponury i płonący cichą wściekłością.

They lifted the crate into a wagon and drove away with him.

Załadowali skrzynię na wóz i odjechali.

The crate, with Buck locked inside, changed hands often.
Skrzynia, w której znajdował się zamknięty Buck, często zmieniała właścicieli.
Express office clerks took charge and handled him briefly.
Pracownicy biura ekspresowego przejęli sprawę i krótko się nią zajęli.
Then another wagon carried Buck across the noisy town.
Potem inny wóz wiózł Bucka przez hałaśliwe miasto.
A truck took him with boxes and parcels onto a ferry boat.
Ciężarówka zabrała go wraz z pudełkami i paczkami na prom.
After crossing, the truck unloaded him at a rail depot.
Po przekroczeniu granicy ciężarówka wysadziła go na dworcu kolejowym.
At last, Buck was placed inside a waiting express car.
Na koniec Buck został umieszczony w czekającym wagonie ekspresowym.
For two days and nights, trains pulled the express car away.
Przez dwie doby pociągi odciągały wagon ekspresowy.
Buck neither ate nor drank during the whole painful journey.
Buck nie jadł i nie pił przez całą bolesną podróż.
When the express messengers tried to approach him, he growled.
Kiedy kurierzy próbowali się do niego zbliżyć, warknął.
They responded by mocking him and teasing him cruelly.
W odpowiedzi naśmiewali się z niego i okrutnie go prześladowali.
Buck threw himself at the bars, foaming and shaking
Buck rzucił się na kraty, pieniąc się i trzęsąc
they laughed loudly, and taunted him like schoolyard bullies.
śmiali się głośno i drwili z niego jak szkolni łobuzi.
They barked like fake dogs and flapped their arms.
Szczekali jak sztuczne psy i machali rękami.
They even crowed like roosters just to upset him more.
Nawet piały jak koguty, żeby go jeszcze bardziej zdenerwować.

It was foolish behavior, and Buck knew it was ridiculous.
To było głupie zachowanie i Buck wiedział, że jest śmieszne.
But that only deepened his sense of outrage and shame.
Ale to tylko pogłębiło jego poczucie oburzenia i wstydu.
He was not bothered much by hunger during the trip.
Podczas podróży głód nie dokuczał mu zbytnio.
But thirst brought sharp pain and unbearable suffering.
Jednak pragnienie powodowało ostry ból i nieznośne cierpienie.
His dry, inflamed throat and tongue burned with heat.
Jego suche, zapalone gardło i język paliły się od gorąca.
This pain fed the fever rising within his proud body.
Ból ten podsycał gorączkę narastającą w jego dumnym ciele.
Buck was thankful for one single thing during this trial.
Podczas tego procesu Buck był wdzięczny za jedną rzecz.
The rope had been removed from around his thick neck.
Zdjęto mu linę z grubej szyi.
The rope had given those men an unfair and cruel advantage.
Lina dała tym mężczyznom niesprawiedliwą i okrutną przewagę.
Now the rope was gone, and Buck swore it would never return.
Teraz liny nie było i Buck przysiągł, że nigdy nie wróci.
He resolved no rope would ever go around his neck again.
Postanowił, że nigdy więcej nie zawiąże sobie liny wokół szyi.
For two long days and nights, he suffered without food.
Przez dwie długie dni i noce cierpiał bez jedzenia.
And in those hours, he built up an enormous rage inside.
A w tych godzinach narastała w nim ogromna wściekłość.
His eyes turned bloodshot and wild from constant anger.
Jego oczy zrobiły się przekrwione i dzikie od nieustannego gniewu.
He was no longer Buck, but a demon with snapping jaws.
Nie był już Buckiem, ale demonem o kłapiących szczękach.
Even the Judge would not have known this mad creature.
Nawet Sędzia nie poznałby tego szalonego stworzenia.

The express messengers sighed in relief when they reached Seattle

Kurierzy ekspresowi odetchnęli z ulgą, gdy dotarli do Seattle

Four men lifted the crate and brought it to a back yard.

Czterech mężczyzn podniosło skrzynię i przeniosło ją na podwórko.

The yard was small, surrounded by high and solid walls.

Podwórko było małe, otoczone wysokimi i solidnymi murami.

A big man stepped out in a sagging red sweater shirt.

Wyszedł wielki mężczyzna w obwisłej czerwonej koszuli-swetrze.

He signed the delivery book with a thick and bold hand.

Podpisał księgę dostaw grubym i wyraźnym pismem.

Buck sensed at once that this man was his next tormentor.

Buck od razu wyczuł, że ten człowiek będzie jego następnym prześladowcą.

He lunged violently at the bars, eyes red with fury.

Rzucił się gwałtownie na kraty, jego oczy były czerwone ze złości.

The man just smiled darkly and went to fetch a hatchet.

Mężczyzna tylko uśmiechnął się ponuro i poszedł po siekierę.

He also brought a club in his thick and strong right hand.

W prawej, grubej i silnej ręce trzymał także pałkę.

"You going to take him out now?" the driver asked, concerned.

„Zamierzasz go teraz wyprowadzić?" – zapytał zaniepokojony kierowca.

"Sure," said the man, jamming the hatchet into the crate as a lever.

„Jasne" – powiedział mężczyzna, wbijając siekierę w skrzynię jako dźwignię.

The four men scattered instantly, jumping up onto the yard wall.

Czterech mężczyzn rozbiegło się natychmiast i wskoczyło na mur otaczający podwórze.

From their safe spots above, they waited to watch the spectacle.

Ze swoich bezpiecznych miejsc na górze czekali, aby oglądać widowisko.

Buck lunged at the splintered wood, biting and shaking fiercely.

Buck rzucił się na drzazgi, gryząc i potrząsając nimi zawzięcie.

Each time the hatchet hit the cage), Buck was there to attack it.

Za każdym razem, gdy topór uderzał w klatkę, Buck był tam, aby ją zaatakować.

He growled and snapped with wild rage, eager to be set free.

Warczał i rzucał się z dziką wściekłością, pragnąc jak najszybciej zostać uwolnionym.

The man outside was calm and steady, intent on his task.

Mężczyzna na zewnątrz był spokojny i opanowany, skupiony na swoim zadaniu.

"Right then, you red-eyed devil," he said when the hole was large.

„No dobrze, czerwonooki diable" – powiedział, gdy dziura była już duża.

He dropped the hatchet and took the club in his right hand.

Upuścił topór i wziął pałkę w prawą rękę.

Buck truly looked like a devil; eyes bloodshot and blazing.

Buck rzeczywiście wyglądał jak diabeł; jego oczy były nabiegłe krwią i płonęły.

His coat bristled, foam frothed at his mouth, eyes glinting.

Jego sierść była zjeżona, piana pieniła się na pysku, a oczy błyszczały.

He bunched his muscles and sprang straight at the red sweater.

Napiął mięśnie i rzucił się prosto na czerwony sweter.

One hundred and forty pounds of fury flew at the calm man.

Sto czterdzieści funtów wściekłości poleciało w stronę spokojnego człowieka.

Just before his jaws clamped shut, a terrible blow struck him.

Tuż przed tym, jak jego szczęki się zacisnęły, otrzymał straszliwy cios.

His teeth snapped together on nothing but air

Jego zęby zacisnęły się na samym powietrzu

a jolt of pain reverberated through his body

wstrząs bólu przeszył jego ciało

He flipped midair and crashed down on his back and side.

Obrócił się w powietrzu i upadł na plecy i bok.

He had never before felt a club's blow and could not grasp
it.

Nigdy wcześniej nie poczuł uderzenia kijem i nie potrafił tego
pojąć.

With a shrieking snarl, part bark, part scream, he leaped
again.

Z wrzaskiem, który był częściowo szczekaniem, częściowo
krzykiem, skoczył ponownie.

Another brutal strike hit him and hurled him to the ground.

Kolejny brutalny cios powalił go na ziemię.

This time Buck understood—it was the man's heavy club.

Tym razem Buck zrozumiał — to była wina ciężkiego pałki
tego mężczyzny.

But rage blinded him, and he had no thought of retreat.

Lecz wściekłość go zaślepiła i nie myślał o ucieczce.

Twelve times he launched himself, and twelve times he fell.

Dwanaście razy rzucał się i dwanaście razy upadał.

The wooden club smashed him each time with ruthless,
crushing force.

Drewniana maczuga miażdżyła go za każdym razem z
bezlitosną, miażdżącą siłą.

After one fierce blow, he staggered to his feet, dazed and
slow.

Po jednym silnym ciosie podniósł się na nogi, oszołomiony i
powolny.

Blood ran from his mouth, his nose, and even his ears.

Krew ciekła mu z ust, nosa, a nawet z uszu.

His once-beautiful coat was smeared with bloody foam.

Jego niegdyś piękna sierść była umazana krwawą pianą.

Then the man stepped up and struck a wicked blow to the
nose.

Wtedy mężczyzna wystąpił i zadał potężny cios w nos.

The agony was sharper than anything Buck had ever felt.

Ból był silniejszy niż wszystko, co Buck kiedykolwiek czuł.

With a roar more beast than dog, he leaped again to attack.

Z rykiem bardziej zwierzęcym niż psim skoczył ponownie, by zaatakować.

But the man caught his lower jaw and twisted it backward.

Jednak mężczyzna złapał się za dolną szczękę i wykręcił ją do tyłu.

Buck flipped head over heels, crashing down hard again.

Buck przewrócił się do góry nogami i znów upadł z impetem.

One final time, Buck charged at him, now barely able to stand.

Buck rzucił się na niego po raz ostatni, ledwo trzymając się na nogach.

The man struck with expert timing, delivering the final blow.

Mężczyzna uderzył z mistrzowskim wyczuciem czasu, zadając ostateczny cios.

Buck collapsed in a heap, unconscious and unmoving.

Buck padł nieprzytomny i nieruchomy.

"He's no slouch at dog-breaking, that's what I say," a man yelled.

„On nie jest żadnym łajdakiem w tresurze psów, oto co mówię" – krzyknął mężczyzna.

"Druther can break the will of a hound any day of the week."

„Druther może złamać wolę psa każdego dnia tygodnia".

"And twice on a Sunday!" added the driver.

„I dwa razy w niedzielę!" – dodał kierowca.

He climbed into the wagon and cracked the reins to leave.

Wsiadł do wozu i strzelił lejcami, szykując się do odjazdu.

Buck slowly regained control of his consciousness

Buck powoli odzyskał kontrolę nad swoją świadomością

but his body was still too weak and broken to move.

lecz jego ciało było nadal zbyt słabe i połamane, aby móc się ruszyć.

He lay where he had fallen, watching the red-sweatered man.

Leżał tam, gdzie upadł, i patrzył na mężczyznę w czerwonym swetrze.

"He answers to the name of Buck," the man said, reading aloud.

„Reaguje na imię Buck" – przeczytał mężczyzna na głos.

He quoted from the note sent with Buck's crate and details.

Zacytował fragment notatki dołączonej do skrzyni Bucka i innych szczegółów.

"Well, Buck, my boy," the man continued with a friendly tone,

„Cóż, Buck, mój chłopcze" – kontynuował mężczyzna przyjaznym tonem,

"we've had our little fight, and now it's over between us."

„Mieliśmy małą kłótnię i teraz jest już między nami koniec".

"You've learned your place, and I've learned mine," he added.

„Ty poznałeś swoje miejsce, a ja poznałem swoje" – dodał.

"Be good, and all will go well, and life will be pleasant."

„Bądź dobry, a wszystko pójdzie dobrze i życie będzie przyjemne."

"But be bad, and I'll beat the stuffing out of you, understand?"

„Ale jeśli będziesz niegrzeczny, to zbiję cię na kwaśne jabłko, rozumiesz?"

As he spoke, he reached out and patted Buck's sore head.

Mówiąc to, wyciągnął rękę i pogłaskał Bucka po obolałej głowie.

Buck's hair rose at the man's touch, but he didn't resist.

Włosy Bucka stanęły dęba pod wpływem dotyku mężczyzny, ale nie stawiał oporu.

The man brought him water, which Buck drank in great gulps.

Mężczyzna przyniósł mu wody, którą Buck wypił wielkimi łykami.

Then came raw meat, which Buck devoured chunk by chunk.

Potem podano surowe mięso, które Buck pożerał kawałek po kawałku.

He knew he was beaten, but he also knew he wasn't broken.

Wiedział, że został pokonany, ale wiedział też, że nie jest złamany.

He had no chance against a man armed with a club.

Nie miał szans w walce z mężczyzną uzbrojonym w pałkę.

He had learned the truth, and he never forgot that lesson.

Poznał prawdę i nigdy nie zapomniał tej lekcji.

That weapon was the beginning of law in Buck's new world.

Ta broń była początkiem prawa w nowym świecie Bucka.

It was the start of a harsh, primitive order he could not deny.

To był początek surowego, prymitywnego porządku, którego nie mógł zaprzeczyć.

He accepted the truth; his wild instincts were now awake.

Zaakceptował prawdę; jego dzikie instynkty znów się obudziły.

The world had grown harsher, but Buck faced it bravely.

Świat stał się trudniejszy, ale Buck dzielnie stawił mu czoła.

He met life with new caution, cunning, and quiet strength.

Podchodził do życia z nową ostrożnością, przebiegłością i cichą siłą.

More dogs arrived, tied in ropes or crates like Buck had been.

Przybyło więcej psów, przywiązanych linami lub w klatkach, tak jak Buck.

Some dogs came calmly, others raged and fought like wild beasts.

Niektóre psy podchodziły spokojnie, inne wściekały się i walczyły jak dzikie bestie.

All of them were brought under the rule of the red-sweatered man.

Wszyscy zostali poddani władzy człowieka w czerwonym swetrze.

Each time, Buck watched and saw the same lesson unfold.

Za każdym razem Buck obserwował i widział, że rozwija się ta sama lekcja.

The man with the club was law; a master to be obeyed.

Człowiek z pałką był prawem; panem, któremu należało posłuszeństwo.

He did not need to be liked, but he had to be obeyed.

Nie potrzebował być lubianym, ale musiał być posłuszny.

Buck never fawned or wagged like the weaker dogs did.

Buck nigdy nie płaszczył się i nie merdał ogonem, tak jak robiły to słabsze psy.

He saw dogs that were beaten and still licked the man's hand.

Widział psy, które były bite i nadal lizały rękę mężczyzny.

He saw one dog who would not obey or submit at all.

Zobaczył jednego psa, który wcale nie chciał słuchać i się podporządkować.

That dog fought until he was killed in the battle for control.

Ten pies walczył, aż zginął w walce o władzę.

Strangers would sometimes come to see the red-sweatered man.

Czasami przychodzili obcy ludzie, żeby zobaczyć mężczyznę w czerwonym swetrze.

They spoke in strange tones, pleading, bargaining, and laughing.

Rozmawiali dziwnym tonem, błagalnie, targując się i śmiejąc.

When money was exchanged, they left with one or more dogs.

Po wymianie pieniędzy odchodzili zabierając ze sobą jednego lub więcej psów.

Buck wondered where these dogs went, for none ever returned.

Buck zastanawiał się, dokąd poszły te psy, ponieważ żaden nigdy nie wrócił.

fear of the unknown filled Buck every time a strange man came

strach przed nieznanym ogarniał Bucka za każdym razem, gdy pojawiał się obcy mężczyzna

he was glad each time another dog was taken, rather than himself.

cieszył się za każdym razem, gdy zabierano innego psa, a nie jego.

But finally, Buck's turn came with the arrival of a strange man.

W końcu jednak nadeszła kolej na Bucka, wraz z przybyciem dziwnego mężczyzny.

He was small, wiry, and spoke in broken English and curses.

Był niski, chudy, mówił łamaną angielszczyzną i przeklinał.

"Sacredam!" he yelled when he laid eyes on Buck's frame.

„Sacredam!" krzyknął, gdy zobaczył sylwetkę Bucka.

"That's one damn bully dog! Eh? How much?" he asked aloud.

„To cholerny pies-łobuz! Co? Ile?" – zapytał głośno.

"Three hundred, and he's a present at that price,"

„Trzysta, a za taką cenę to prezent"

"Since it's government money, you shouldn't complain, Perrault."

„Skoro to rządowe pieniądze, nie powinieneś narzekać, Perrault."

Perrault grinned at the deal he had just made with the man.

Perrault uśmiechnął się na myśl o umowie, którą właśnie zawarł z tym mężczyzną.

The price of dogs had soared due to the sudden demand.

Ceny psów gwałtownie wzrosły z powodu nagłego wzrostu popytu.

Three hundred dollars wasn't unfair for such a fine beast.

Trzysta dolarów to nie była niesprawiedliwa cena za tak piękne zwierzę.

The Canadian Government would not lose anything in the deal

Rząd Kanady nie straciłby nic na tej umowie

Nor would their official dispatches be delayed in transit.

Ich oficjalne przesyłki również nie ulegną opóźnieniom w transporcie.

Perrault knew dogs well, and could see Buck was something rare.

Perrault dobrze znał psy i widział, że Buck był kimś wyjątkowym.

"One in ten ten-thousand," he thought, as he studied Buck's build.

„Jeden na dziesięć tysięcy" – pomyślał, przyglądając się budowie ciała Bucka.

Buck saw the money change hands, but showed no surprise.

Buck widział, jak pieniądze zmieniają właściciela, ale nie okazał zaskoczenia.

Soon he and Curly, a gentle Newfoundland, were led away.

Wkrótce on i Curly, łagodny nowofundland, zostali zabrani.

They followed the little man from the red sweater's yard.

Poszli za małym człowiekiem z podwórka czerwonego swetra.

That was the last Buck ever saw of the man with the wooden club.

To był ostatni raz, kiedy Buck widział mężczyznę z drewnianą maczugą.

From the Narwhal's deck he watched Seattle fade into the distance.

Z pokładu Narwala obserwował, jak Seattle znika w oddali.

It was also the last time he ever saw the warm Southland.

Był to również jego ostatni raz, kiedy widział ciepłe Południe.

Perrault took them below deck, and left them with François.

Perrault zabrał ich pod pokład i zostawił u François.

François was a black-faced giant with rough, calloused hands.

François był olbrzymem o czarnej twarzy i szorstkich, zrogowaciałych dłoniach.

He was dark and swarthy; a half-breed French-Canadian.

Był ciemnoskóry i śniady; mieszaniec rasy francusko-kanadyjskiej.

To Buck, these men were of a kind he had never seen before.

Dla Bucka byli to ludzie, których nigdy wcześniej nie widział.

He would come to know many such men in the days ahead.

W nadchodzących dniach miał poznać wielu takich ludzi.

He did not grow fond of them, but he came to respect them.

Nie pałał do nich sympatią, lecz zaczął ich szanować.

They were fair and wise, and not easily fooled by any dog.

Były sprawiedliwe i mądre, i niełatwo było je oszukać jakimkolwiek psem.

They judged dogs calmly, and punished only when deserved.

Oceniali psy spokojnie i karali tylko wtedy, gdy na to zasługiwały.

In the Narwhal's lower deck, Buck and Curly met two dogs.

Na dolnym pokładzie Narwala Buck i Curly spotkali dwa psy.

One was a large white dog from far-off, icy Spitzbergen.

Jednym z nich był duży, biały pies z odległego, lodowatego Spitsbergenu.

He'd once sailed with a whaler and joined a survey group.

Kiedyś pływał statkiem wielorybniczym i dołączył do grupy badawczej.

He was friendly in a sly, underhanded and crafty fashion.

Był przyjacielski, ale chytry, podstępny i chytry.

At their first meal, he stole a piece of meat from Buck's pan.

Podczas pierwszego posiłku ukradł kawałek mięsa z miski Bucka.

Buck jumped to punish him, but François's whip struck first.

Buck rzucił się, by go ukarać, ale bat François'a uderzył pierwszy.

The white thief yelped, and Buck reclaimed the stolen bone.

Biały złodziej krzyknął, a Buck odzyskał skradzioną kość.

That fairness impressed Buck, and François earned his respect.

Ta uczciwość zrobiła wrażenie na Bucku, a François zyskał jego szacunek.

The other dog gave no greeting, and wanted none in return.

Drugi pies nie przywitał się i nie oczekiwał niczego w zamian.

He didn't steal food, nor sniff at the new arrivals with interest.

Nie kradł jedzenia i nie przyglądał się nowoprzybyłym z zainteresowaniem.

This dog was grim and quiet, gloomy and slow-moving.

Ten pies był ponury i cichy, ponury i powolny.

He warned Curly to stay away by simply glaring at her.

Ostrzegł Curly, żeby trzymała się z daleka, po prostu patrząc na nią gniewnie.

His message was clear; leave me alone or there'll be trouble.

Jego przesłanie było jasne: zostaw mnie w spokoju, albo będą kłopoty.

He was called Dave, and he barely noticed his surroundings.

Nazywał się Dave i prawie nie zwracał uwagi na otoczenie.

He slept often, ate quietly, and yawned now and again.

Często spał, jadł w ciszy i od czasu do czasu ziewał.

The ship hummed constantly with the beating propeller below.

Statek nieustannie buczał, a poniżej pracowała śruba.

Days passed with little change, but the weather got colder.

Dni mijały bez większych zmian, ale pogoda robiła się coraz zimniejsza.

Buck could feel it in his bones, and noticed the others did too.

Buck czuł to w kościach i zauważył, że pozostali również.

Then one morning, the propeller stopped and all was still.

Pewnego ranka śmigło zatrzymało się i wszystko ucichło.

An energy swept through the ship; something had changed.

Jakaś energia przetoczyła się przez statek; coś się zmieniło.

François came down, clipped them on leashes, and brought them up.

François zszedł, założył im smycze i wyprowadził je na zewnątrz.

Buck stepped out and found the ground soft, white, and cold.

Buck wyszedł i zobaczył, że ziemia jest miękka, biała i zimna.

He jumped back in alarm and snorted in total confusion.

Odskoczył zaniepokojony i prychnął, całkowicie zdezorientowany.

Strange white stuff was falling from the gray sky.

Z szarego nieba spadała dziwna, biała substancja.

He shook himself, but the white flakes kept landing on him.

Otrząsnął się, ale białe płatki nadal spadały na niego.

He sniffed the white stuff carefully and licked at a few icy bits.

Ostrożnie powąchał białą substancję i zlizał kilka lodowatych kawałków.

The powder burned like fire, then vanished right off his tongue.

Proszek palił jak ogień, a potem zniknął z jego języka.

Buck tried again, puzzled by the odd vanishing coldness.

Buck spróbował ponownie, zdziwiony dziwnym, zanikającym chłodem.

The men around him laughed, and Buck felt embarrassed.

Mężczyźni wokół niego się śmiali, a Buck poczuł się zawstydzony.

He didn't know why, but he was ashamed of his reaction.

Nie wiedział dlaczego, ale wstydził się swojej reakcji.

It was his first experience with snow, and it confused him.

To było jego pierwsze zetknięcie ze śniegiem i było dla niego zagadką.

The Law of Club and Fang
Prawo kija i kła

Buck's first day on the Dyea beach felt like a terrible nightmare.
Pierwszy dzień Bucka na plaży Dyea przypominał koszmar.

Each hour brought new shocks and unexpected changes for Buck.
Każda godzina przynosiła Buckowi nowe wstrząsy i nieoczekiwane zmiany.

He had been pulled from civilization and thrown into wild chaos.
Został wyrwany z cywilizacji i wrzucony w dziki chaos.

This was no sunny, lazy life with boredom and rest.
Nie było to słoneczne, leniwe życie z nudą i odpoczynkiem.

There was no peace, no rest, and no moment without danger.
Nie było spokoju, odpoczynku i chwili wolnej od niebezpieczeństwa.

Confusion ruled everything, and danger was always close.
Panował chaos, a niebezpieczeństwo zawsze czyhało.

Buck had to stay alert because these men and dogs were different.
Buck musiał zachować czujność, bo ci mężczyźni i psy byli inni.

They were not from towns; they were wild and without mercy.
Nie pochodzili z miast, byli dzicy i bezlitośni.

These men and dogs only knew the law of club and fang.
Ci ludzie i psy znali tylko prawo pałki i kłów.

Buck had never seen dogs fight like these savage huskies.
Buck nigdy nie widział psów walczących tak jak te dzikie husky.

His first experience taught him a lesson he would never forget.
Jego pierwsze doświadczenie dało mu lekcję, której nigdy nie zapomni.

He was lucky it was not him, or he would have died too.

Miał szczęście, że to nie on, w przeciwnym razie on też by zginął.

Curly was the one who suffered while Buck watched and learned.

Curly był tym, który cierpiał, podczas gdy Buck patrzył i się uczył.

They had made camp near a store built from logs.

Rozbili obóz w pobliżu sklepu zbudowanego z bali.

Curly tried to be friendly to a large, wolf-like husky.

Curly próbował być przyjacielski wobec dużego, wilkopodobnego husky'ego.

The husky was smaller than Curly, but looked wild and mean.

Husky był mniejszy od Curly'ego, ale wyglądał dziko i groźnie.

Without warning, he jumped and slashed her face open.

Bez ostrzeżenia skoczył i rozciął jej twarz.

His teeth cut from her eye down to her jaw in one move.

Jednym ruchem przeciął jej zęby od oka aż po szczękę.

This was how wolves fought—hit fast and jump away.

Tak walczyły wilki — uderzać szybko i odskakiwać.

But there was more to learn than from that one attack.

Ale z tego jednego ataku można było wyciągnąć więcej wniosków.

Dozens of huskies rushed in and made a silent circle.

Dziesiątki psów husky wpadły i utworzyły ciche koło.

They watched closely and licked their lips with hunger.

Przyglądali się uważnie i oblizywali usta z głodu.

Buck didn't understand their silence or their eager eyes.

Buck nie rozumiał ich milczenia i zaciekawionego wzroku.

Curly rushed to attack the husky a second time.

Curly rzucił się, by zaatakować huskiego po raz drugi.

He used his chest to knock her over with a strong move.

Mocnym ruchem uderzył ją w klatkę piersiową.

She fell on her side and could not get back up.

Upadła na bok i nie mogła się podnieść.

That was what the others had been waiting for all along.

Na to właśnie czekali pozostali przez cały czas.

The huskies jumped on her, yelping and snarling in a frenzy.

Husky rzuciły się na nią, wrzeszcząc i warcząc w szale.

She screamed as they buried her under a pile of dogs.

Krzyczała, gdy ją grzebali pod stertą psów.

The attack was so fast that Buck froze in place with shock.

Atak był tak szybki, że Buck zamarł w miejscu z wrażenia.

He saw Spitz stick out his tongue in a way that looked like a laugh.

Zobaczył, jak Spitz wystawił język w sposób, który wyglądał na śmiech.

François grabbed an axe and ran straight into the group of dogs.

François chwycił siekierę i pobiegł prosto w grupę psów.

Three other men used clubs to help beat the huskies away.

Trzej inni mężczyźni odpędzali psy pałkami.

In just two minutes, the fight was over and the dogs were gone.

Po zaledwie dwóch minutach walka dobiegła końca, a psy zniknęły.

Curly lay dead in the red, trampled snow, her body torn apart.

Curly leżała martwa w czerwonym, zdeptanym śniegu, jej ciało było rozszarpane.

A dark-skinned man stood over her, cursing the brutal scene.

Stał nad nią ciemnoskóry mężczyzna i przeklinał brutalną scenę.

The memory stayed with Buck and haunted his dreams at night.

Wspomnienie to pozostało z Buckiem i nawiedzało go w snach.

That was the way here; no fairness, no second chance.

Tak było tutaj: nie było sprawiedliwości, nie było drugiej szansy.

Once a dog fell, the others would kill without mercy.

Gdy jeden pies padł, reszta zabijała go bez litości.

Buck decided then that he would never allow himself to fall.

Buck postanowił wtedy, że nigdy nie pozwoli sobie na upadek.

Spitz stuck out his tongue again and laughed at the blood.

Spitz znów wystawił język i zaśmiał się na widok krwi.

From that moment on, Buck hated Spitz with all his heart.

Od tego momentu Buck nienawidził Spitza całym sercem.

Before Buck could recover from Curly's death, something new happened.

Zanim Buck zdążył otrząsnąć się po śmierci Curly'ego, wydarzyło się coś nowego.

François came over and strapped something around Buck's body.

François podszedł i przymocował coś do ciała Bucka.

It was a harness like the ones used on horses at the ranch.

Była to uprząż taka sama, jakiej używano na ranczu dla koni.

As Buck had seen horses work, now he was made to work too.

Buck widział pracę koni, więc teraz sam musiał pracować.

He had to pull François on a sled into the forest nearby.

Musiał ciągnąć François na saniach do pobliskiego lasu.

Then he had to pull back a load of heavy firewood.

Następnie musiał odwieźć ciężki ładunek drewna na opał.

Buck was proud, so it hurt him to be treated like a work animal.

Buck był dumny, więc bolało go, że traktowano go jak zwierzę robocze.

But he was wise and didn't try to fight the new situation.

Ale był mądry i nie próbował walczyć z nową sytuacją.

He accepted his new life and gave his best in every task.

Zaakceptował swoje nowe życie i dawał z siebie wszystko w każdym zadaniu.

Everything about the work was strange and unfamiliar to him.

Wszystko w tej pracy było dla niego dziwne i nieznane.

François was strict and demanded obedience without delay.
François był surowy i wymagał posłuszeństwa bezzwłocznie.

His whip made sure that every command was followed at once.
Jego bat dawał pewność, że wszystkie polecenia będą wykonywane natychmiast.

Dave was the wheeler, the dog nearest the sled behind Buck.
Dave był kierowcą sań, psem znajdującym się najbliżej sań za Buckiem.

Dave bit Buck on the back legs if he made a mistake.
Jeśli Buck popełnił błąd, Dave gryzł go w tylne nogi.

Spitz was the lead dog, skilled and experienced in the role.
Spitz był psem przewodnim, wykwalifikowanym i doświadczonym w tej roli.

Spitz could not reach Buck easily, but still corrected him.
Spitz nie mógł łatwo dotrzeć do Bucka, ale i tak go skorygował.

He growled harshly or pulled the sled in ways that taught Buck.
Warczał ostro i ciągnął sanie w sposób, którego Buck się nauczył.

Under this training, Buck learned faster than any of them expected.
Dzięki temu szkoleniu Buck uczył się szybciej, niż ktokolwiek z nich się spodziewał.

He worked hard and learned from both François and the other dogs.
Ciężko pracował i uczył się zarówno od François, jak i od innych psów.

By the time they returned, Buck already knew the key commands.
Kiedy wrócili, Buck znał już najważniejsze komendy.

He learned to stop at the sound of "ho" from François.
Od François nauczył się zatrzymywać na dźwięk słowa „ho".

He learned when he had to pull the sled and run.
Nauczył się, kiedy musi ciągnąć sanie i biec.

He learned to turn wide at bends in the trail without trouble.

Nauczył się bez problemu pokonywać zakręty szeroką trasą.

He also learned to avoid Dave when the sled went downhill fast.

Nauczył się również unikać Dave'a, gdy sanki szybko zjeżdżały w dół.

"They're very good dogs," François proudly told Perrault.

„To bardzo dobre psy" – powiedział François z dumą Perraultowi.

"That Buck pulls like hell—I teach him quick as anything."

„Ten Buck ciągnie jak diabli — uczę go tego bardzo szybko".

Later that day, Perrault came back with two more husky dogs.

Tego samego dnia Perrault wrócił z dwoma kolejnymi psami rasy husky.

Their names were Billee and Joe, and they were brothers.

Nazywali się Billee i Joe i byli braćmi.

They came from the same mother, but were not alike at all.

Pochodzili od tej samej matki, ale wcale nie byli do siebie podobni.

Billee was sweet-natured and too friendly with everyone.

Billee była osobą słodką i bardzo przyjacielską wobec wszystkich.

Joe was the opposite—quiet, angry, and always snarling.

Joe był jego przeciwieństwem — cichy, wściekły i zawsze warczący.

Buck greeted them in a friendly way and was calm with both.

Buck przywitał się z nimi w przyjazny sposób i zachowywał spokój w stosunku do obojga.

Dave paid no attention to them and stayed silent as usual.

Dave nie zwracał na nich uwagi i jak zwykle milczał.

Spitz attacked first Billee, then Joe, to show his dominance.

Spitz zaatakował najpierw Billee, potem Joego, aby pokazać swoją dominację.

Billee wagged his tail and tried to be friendly to Spitz.

Billee merdał ogonem i próbował być przyjazny wobec Spitz.

When that didn't work, he tried to run away instead.

Gdy to nie pomogło, spróbował uciec.

He cried sadly when Spitz bit him hard on the side.

Zapłakał smutno, gdy Spitz ugryzł go mocno w bok.

But Joe was very different and refused to be bullied.

Ale Joe był zupełnie inny i nie dał się zastraszyć.

Every time Spitz came near, Joe spun to face him fast.

Za każdym razem, gdy Spitz się zbliżał, Joe szybko odwracał się, by stanąć z nim twarzą w twarz.

His fur bristled, his lips curled, and his teeth snapped wildly.

Jego futro się zjeżyło, wargi się wykrzywiły, a zęby kłapały dziko.

Joe's eyes gleamed with fear and rage, daring Spitz to strike.

W oczach Joego pojawił się błysk strachu i wściekłości, rzucając Spitzowi wyzwanie.

Spitz gave up the fight and turned away, humiliated and angry.

Spitz zrezygnował z walki i odwrócił się upokorzony i wściekły.

He took out his frustration on poor Billee and chased him away.

Wyładował swoją frustrację na biednym Billee i go przegonił.

That evening, Perrault added one more dog to the team.

Tego wieczoru Perrault dodał do zespołu jeszcze jednego psa.

This dog was old, lean, and covered in battle scars.

Ten pies był stary, chudy i pokryty bliznami po bitwach.

One of his eyes was missing, but the other flashed with power.

Jedno oko mu brakowało, ale drugie błyszczało mocą.

The new dog's name was Solleks, which meant the Angry One.

Nowemu psu nadano imię Solleks, co oznaczało Wściekły.

Like Dave, Solleks asked nothing from others, and gave nothing back.

Podobnie jak Dave, Solleks niczego od innych nie wymagał i nic nie dawał w zamian.

When Solleks walked slowly into camp, even Spitz stayed away.

Gdy Solleks powoli wkroczył do obozu, nawet Spitz trzymał się z daleka.

He had a strange habit that Buck was unlucky to discover.

Miał dziwny zwyczaj, który Buck miał pecha odkryć.

Solleks hated being approached on the side where he was blind.

Solleks nie znosił, gdy ktoś podchodził do niego od strony, w której był niewidomy.

Buck did not know this and made that mistake by accident.

Buck nie wiedział o tym i popełnił ten błąd przez przypadek.

Solleks spun around and slashed Buck's shoulder deep and fast.

Solleks obrócił się i szybko i głęboko uderzył Bucka w ramię.

From that moment on, Buck never came near Solleks' blind side.

Od tego momentu Buck nigdy już nie zbliżał się do ślepej strony Solleksa.

They never had trouble again for the rest of their time together.

Przez cały spędzony wspólnie czas nie mieli już żadnych kłopotów.

Solleks wanted only to be left alone, like quiet Dave.

Solleks pragnął jedynie, by go zostawiono w spokoju, jak cichy Dave.

But Buck would later learn they each had another secret goal.

Ale Buck później dowiedział się, że każdy z nich miał jeszcze jeden, sekretny cel.

That night Buck faced a new and troubling challenge—how to sleep.

Tej nocy Buck stanął przed nowym i trudnym wyzwaniem — jak spać.

The tent glowed warmly with candlelight in the snowy field.

Namiot rozświetlał się ciepłym blaskiem świec na zaśnieżonym polu.

Buck walked inside, thinking he could rest there like before.

Buck wszedł do środka, myśląc, że będzie mógł tam odpocząć jak poprzednio.

But Perrault and François yelled at him and threw pans.

Ale Perrault i François krzyczeli na niego i rzucali patelniami.

Shocked and confused, Buck ran out into the freezing cold.

Zszokowany i zdezorientowany Buck wybiegł na mroźne zimno.

A bitter wind stung his wounded shoulder and froze his paws.

Przenikliwy wiatr szczypał go w zranione ramię i zamrażał łapy.

He lay down in the snow and tried to sleep out in the open.

Położył się na śniegu i próbował spać pod gołym niebem.

But the cold soon forced him to get back up, shaking badly.

Jednak zimno zmusiło go do wstania, trzęsąc się mocno.

He wandered through the camp, trying to find a warmer spot.

Wędrował po obozie, próbując znaleźć cieplejsze miejsce.

But every corner was just as cold as the one before.

Ale każdy kąt był tak samo zimny jak poprzedni.

Sometimes savage dogs jumped at him from the darkness.

Czasami z ciemności wyskakiwały na niego dzikie psy.

Buck bristled his fur, bared his teeth, and snarled with warning.

Buck nastroszył futro, obnażył zęby i warknął ostrzegawczo.

He was learning fast, and the other dogs backed off quickly.

Uczył się szybko, a pozostałe psy szybko ustępowały.

Still, he had no place to sleep, and no idea what to do.

Nadal nie miał gdzie spać i nie miał pojęcia, co robić.

At last, a thought came to him — check on his team-mates.

W końcu przyszedł mu do głowy pewien pomysł – sprawdzić, co u jego kolegów z drużyny.

He returned to their area and was surprised to find them gone.

Wrócił w ich okolice i ze zdziwieniem stwierdził, że ich tam nie ma.

Again he searched the camp, but still could not find them.

Ponownie przeszukał obóz, lecz nadal nie mógł ich znaleźć.

He knew they could not be in the tent, or he would be too.

Wiedział, że nie mogą być w namiocie, bo on też by się tam znalazł.

So where had all the dogs gone in this frozen camp?

Gdzie więc podziały się wszystkie psy w tym zamarzniętym obozie?

Buck, cold and miserable, slowly circled around the tent.

Buck, zmarznięty i nieszczęśliwy, powoli krążył wokół namiotu.

Suddenly, his front legs sank into soft snow and startled him.

Nagle jego przednie nogi zapadły się w miękki śnieg, co go przestraszyło.

Something wriggled under his feet, and he jumped back in fear.

Coś poruszyło się pod jego stopami i ze strachu odskoczył.

He growled and snarled, not knowing what lay beneath the snow.

Warczał i szczekał, nie wiedząc, co kryje się pod śniegiem.

Then he heard a friendly little bark that eased his fear.

Wtedy usłyszał przyjazne szczekanie, które ukoiło jego strach.

He sniffed the air and came closer to see what was hidden.

Wciągnął powietrze i podszedł bliżej, żeby zobaczyć, co jest ukryte.

Under the snow, curled into a warm ball, was little Billee.

Pod śniegiem, zwinięta w ciepłą kulkę, leżała mała Billee.

Billee wagged his tail and licked Buck's face to greet him.

Billee merdał ogonem i polizał Bucka po twarzy, by go powitać.

Buck saw how Billee had made a sleeping place in the snow.

Buck zobaczył, że Billee zrobił sobie miejsce do spania na śniegu.

He had dug down and used his own heat to stay warm.

Wykopał dół i ogrzał się własnym ciepłem.

Buck had learned another lesson—this was how the dogs slept.

Buck nauczył się kolejnej lekcji — tak właśnie spały psy.

He picked a spot and started digging his own hole in the snow.

Wybrał miejsce i zaczął kopać swoją dziurę w śniegu.

At first, he moved around too much and wasted energy.

Na początku za dużo się ruszał i marnował energię.

But soon his body warmed the space, and he felt safe.

Ale wkrótce jego ciało ogrzało przestrzeń i poczuł się bezpiecznie.

He curled up tightly, and before long he was fast asleep.

Skulił się ciasno i wkrótce zasnął.

The day had been long and hard, and Buck was exhausted.

Dzień był długi i ciężki, a Buck był wyczerpany.

He slept deeply and comfortably, though his dreams were wild.

Spał głęboko i wygodnie, choć jego sny były szalone.

He growled and barked in his sleep, twisting as he dreamed.

Warczał i szczekał przez sen, kręcąc się podczas snu.

Buck didn't wake up until the camp was already coming to life.

Buck obudził się dopiero wtedy, gdy obóz zaczął budzić się do życia.

At first, he didn't know where he was or what had happened.

Na początku nie wiedział, gdzie jest ani co się stało.

Snow had fallen overnight and completely buried his body.

W nocy spadł śnieg i całkowicie przykrył jego ciało.

The snow pressed in around him, tight on all sides.

Śnieg był przyciśnięty do niego ze wszystkich stron.

Suddenly a wave of fear rushed through Buck's entire body.

Nagle fala strachu przebiegła przez całe ciało Bucka.

It was the fear of being trapped, a fear from deep instincts.

To był strach przed uwięzieniem, strach wynikający z głęboko zakorzenionych instynktów.

Though he had never seen a trap, the fear lived inside him.
Choć nigdy nie widział pułapki, strach wciąż w nim żył.

He was a tame dog, but now his old wild instincts were waking.
Był oswojonym psem, ale teraz obudziły się w nim dawne, dzikie instynkty.

Buck's muscles tensed, and his fur stood up all over his back.
Mięśnie Bucka napięły się, a sierść stanęła mu dęba na całym grzbiecie.

He snarled fiercely and sprang straight up through the snow.
Warknął dziko i wyskoczył prosto w śnieg.

Snow flew in every direction as he burst into the daylight.
Gdy wyszedł na światło dzienne, śnieg rozprysł się we wszystkich kierunkach.

Even before landing, Buck saw the camp spread out before him.
Jeszcze przed lądowaniem Buck zobaczył rozpościerający się przed nim obóz.

He remembered everything from the day before, all at once.
Natychmiast przypomniało mu się wszystko, co wydarzyło się poprzedniego dnia.

He remembered strolling with Manuel and ending up in this place.
Przypomniał sobie spacer z Manuelem i to, jak wylądował w tym miejscu.

He remembered digging the hole and falling asleep in the cold.
Pamiętał, jak wykopał dół i zasnął na zimnie.

Now he was awake, and the wild world around him was clear.
Teraz się obudził i dziki świat wokół niego stał się wyraźny.

A shout from François hailed Buck's sudden appearance.
François krzyknął na powitanie nagłego pojawienia się Bucka.

"What did I say?" the dog-driver cried loudly to Perrault.
„Co powiedziałem?" – krzyknął głośno poganiacz psów do Perraulta.

"That Buck for sure learns quick as anything," François added.

„Ten Buck na pewno uczy się szybciej niż cokolwiek innego" – dodał François.

Perrault nodded gravely, clearly pleased with the result.

Perrault skinął głową z powagą, wyraźnie zadowolony z rezultatu.

As a courier for the Canadian Government, he carried dispatches.

Jako kurier rządu kanadyjskiego przewoził depesze.

He was eager to find the best dogs for his important mission.

Zależało mu na znalezieniu najlepszych psów do swojej ważnej misji.

He felt especially pleased now that Buck was part of the team.

Poczuł się szczególnie zadowolony, że Buck stał się częścią zespołu.

Three more huskies were added to the team within an hour.

W ciągu godziny do zespołu dołączyły trzy kolejne husky.

That brought the total number of dogs on the team to nine.

W rezultacie łączna liczba psów w zespole wzrosła do dziewięciu.

Within fifteen minutes all the dogs were in their harnesses.

W ciągu piętnastu minut wszystkie psy były już w uprzężach.

The sled team was swinging up the trail toward Dyea Cañon.

Zespół saneczkowy jechał szlakiem w kierunku Dyea Cañon.

Buck felt glad to be leaving, even if the work ahead was hard.

Buck cieszył się, że odchodzi, nawet jeśli praca, która go czekała, była ciężka.

He found he did not particularly despise the labor or the cold.

Odkrył, że nie gardzi szczególnie pracą ani zimnem.

He was surprised by the eagerness that filled the whole team.

Zaskoczyła go chęć, jaka ogarnęła cały zespół.

Even more surprising was the change that had come over Dave and Solleks.

Jeszcze bardziej zaskakująca była zmiana, jaka zaszła u Dave'a i Solleksa.

These two dogs were entirely different when they were harnessed.

Te dwa psy były zupełnie inne, gdy je zaprzęgano.

Their passiveness and lack of concern had completely disappeared.

Ich bierność i brak zainteresowania całkowicie zniknęły.

They were alert and active, and eager to do their work well.

Byli czujni i aktywni, chcieli dobrze wykonać swoją pracę.

They grew fiercely irritated at anything that caused delay or confusion.

Denerwowało ich wszystko, co powodowało opóźnienia lub zamieszanie.

The hard work on the reins was the center of their entire being.

Ciężka praca nad lejcami była istotą ich istoty.

Sled pulling seemed to be the only thing they truly enjoyed.

Wydawało się, że ciągnięcie sań było jedyną rzeczą, która sprawiała im prawdziwą przyjemność.

Dave was at the back of the group, closest to the sled itself.

Dave był z tyłu grupy, najbliżej sań.

Buck was placed in front of Dave, and Solleks pulled ahead of Buck.

Buck został umieszczony przed Dave'em, a Solleks wyprzedził Bucka.

The rest of the dogs were strung out ahead in a single file.

Reszta psów ustawiła się przed nami w pojedynczym szeregu.

The lead position at the front was filled by Spitz.

Na czele stawki znalazł się Spitz.

Buck had been placed between Dave and Solleks for instruction.

Buck został umieszczony między Dave'em i Solleksem w celu przeprowadzenia instrukcji.

He was a quick learner, and they were firm and capable teachers.
Uczył się szybko, a ich nauczyciele byli stanowczymi i kompetentnymi ludźmi.

They never allowed Buck to remain in error for long.
Nigdy nie pozwolili, by Buck zbyt długo tkwił w błędzie.

They taught their lessons with sharp teeth when needed.
Gdy zachodziła taka potrzeba, nauczali ostro.

Dave was fair and showed a quiet, serious kind of wisdom.
Dave był sprawiedliwy i wykazywał się spokojną, poważną mądrością.

He never bit Buck without a good reason to do so.
Nigdy nie ugryzł Bucka bez ważnego powodu.

But he never failed to bite when Buck needed correction.
Ale zawsze potrafił ugryźć Bucka, gdy ten potrzebował skarcenia.

François's whip was always ready and backed up their authority.
Bicz François'a był zawsze gotowy do użycia i potwierdzał ich autorytet.

Buck soon found it was better to obey than to fight back.
Buck wkrótce doszedł do wniosku, że lepiej jest słuchać, niż stawiać opór.

Once, during a short rest, Buck got tangled in the reins.
Pewnego razu, podczas krótkiego odpoczynku, Buck zaplątał się w lejce.

He delayed the start and confused the team's movement.
Opóźnił start i zakłócił ruchy drużyny.

Dave and Solleks flew at him and gave him a rough beating.
Dave i Solleks rzucili się na niego i mocno go pobili.

The tangle only got worse, but Buck learned his lesson well.
Kłótnia stawała się coraz gorsza, ale Buck wyciągnął wnioski.

From then on, he kept the reins taut, and worked carefully.
Od tej pory trzymał lejce mocno i pracował ostrożnie.

Before the day ended, Buck had mastered much of his task.
Zanim dzień dobiegł końca, Buckowi udało się wykonać większą część zadania.

His teammates almost stopped correcting or biting him.

Jego koledzy z drużyny prawie przestali go poprawiać i gryźć.

François's whip cracked through the air less and less often.

Bicz François'a przecinał powietrze coraz rzadziej.

Perrault even lifted Buck's feet and carefully examined each paw.

Perrault podniósł nawet stopy Bucka i dokładnie obejrzał każdą łapę.

It had been a hard day's run, long and exhausting for them all.

To był ciężki dzień, długi i wyczerpujący dla nich wszystkich.

They travelled up the Cañon, through Sheep Camp, and past the Scales.

Podróżowali w górę Kanionu, przez Sheep Camp i obok Scales.

They crossed the timber line, then glaciers and snowdrifts many feet deep.

Przekroczyli granicę lasu, potem lodowce i zaspy śnieżne głębokie na wiele stóp.

They climbed the great cold and forbidding Chilkoot Divide.

Wspięli się na zimny i nieprzyjazny Wododział Chilkoot.

That high ridge stood between salt water and the frozen interior.

Ten wysoki grzbiet oddzielał słoną wodę od zamarzniętego wnętrza.

The mountains guarded the sad and lonely North with ice and steep climbs.

Góry strzegły smutnej i samotnej Północy lodem i stromymi podejściami.

They made good time down a long chain of lakes below the divide.

Szybko pokonali długi łańcuch jezior poniżej wododziału.

Those lakes filled the ancient craters of extinct volcanoes.

Jeziora te wypełniały starożytne kratery wygasłych wulkanów.

Late that night, they reached a large camp at Lake Bennett.

Późną nocą dotarli do dużego obozu nad jeziorem Bennett.

Thousands of gold seekers were there, building boats for spring.

Zebrały się tam tysiące poszukiwaczy złota, budujących łodzie na wiosnę.

The ice was going break up soon, and they had to be ready.

Lód miał wkrótce pęknąć, więc musieli być gotowi.

Buck dug his hole in the snow and fell into a deep sleep.

Buck wykopał dziurę w śniegu i zapadł w głęboki sen.

He slept like a working man, exhausted from the harsh day of toil.

Spał jak człowiek pracy, wyczerpany po ciężkim dniu ciężkiej pracy.

But too early in the darkness, he was dragged from sleep.

Jednak zbyt wcześnie, w ciemnościach, został wyrwany ze snu.

He was harnessed with his mates again and attached to the sled.

Ponownie zaprzężono go do towarzyszy i przymocowano do sań.

That day they made forty miles, because the snow was well trodden.

Tego dnia przeszli czterdzieści mil, bo śnieg był dobrze ubity.

The next day, and for many days after, the snow was soft.

Następnego dnia i przez wiele kolejnych dni śnieg był miękki.

They had to make the path themselves, working harder and moving slower.

Musieli sami wytyczyć drogę, wkładając w to więcej wysiłku i poruszając się wolniej.

Usually, Perrault walked ahead of the team with webbed snowshoes.

Zazwyczaj Perrault szedł przed drużyną, mając na nogach płetwiaste rakiety śnieżne.

His steps packed the snow, making it easier for the sled to move.

Jego kroki ubijały śnieg, co ułatwiało przesuwanie się sań.

François, who steered from the gee-pole, sometimes took over.

François, który sterował z pozycji pionowej, czasami przejmował kontrolę.

But it was rare that François took the lead

Ale rzadko zdarzało się, aby François objął prowadzenie

because Perrault was in a rush to deliver the letters and parcels.

ponieważ Perrault spieszył się z dostarczeniem listów i paczek.

Perrault was proud of his knowledge of snow, and especially ice.

Perrault był dumny ze swojej wiedzy na temat śniegu, a zwłaszcza lodu.

That knowledge was essential, because fall ice was dangerously thin.

Wiedza ta była niezbędna, ponieważ lód jesienią był niebezpiecznie cienki.

Where water flowed fast beneath the surface, there was no ice at all.

Tam, gdzie woda płynęła szybko pod powierzchnią, nie było w ogóle lodu.

Day after day, the same routine repeated without end.

Dzień po dniu ta sama rutyna powtarzała się bez końca.

Buck toiled endlessly in the reins from dawn until night.

Buck nieustannie pracował na lejcach od świtu do nocy.

They left camp in the dark, long before the sun had risen.

Opuścili obóz po ciemku, na długo przed wschodem słońca.

By the time daylight came, many miles were already behind them.

Gdy nastał dzień, mieli już za sobą wiele mil.

They pitched camp after dark, eating fish and burrowing into snow.

Rozbili obóz po zapadnięciu zmroku, jedli ryby i zakopywali się w śniegu.

Buck was always hungry and never truly satisfied with his ration.
Buck był zawsze głodny i nigdy nie był w pełni zadowolony ze swojego pożywienia.
He received a pound and a half of dried salmon each day.
Otrzymywał półtora funta suszonego łososia dziennie.
But the food seemed to vanish inside him, leaving hunger behind.
Jednak jedzenie zdawało się zanikać w jego wnętrzu, pozostawiając głód.
He suffered from constant pangs of hunger, and dreamed of more food.
Odczuwał nieustanne bóle głodu i marzył o większej ilości jedzenia.
The other dogs got only one pound of food, but they stayed strong.
Pozostałe psy dostały tylko pół kilo jedzenia, ale i tak były silne.
They were smaller, and had been born into the northern life.
Byli mniejsi i urodzili się w północnym środowisku.
He swiftly lost the fastidiousness which had marked his old life.
Szybko utracił skrupulatność, która charakteryzowała jego dawne życie.
He had been a dainty eater, but now that was no longer possible.
Kiedyś był smakoszem, ale teraz nie było to już możliwe.
His mates finished first and robbed him of his unfinished ration.
Jego koledzy skończyli pierwsi i zabrali mu niedokończoną porcję.
Once they began there was no way to defend his food from them.
Gdy już zaczęli, nie było sposobu, aby obronić przed nimi jego jedzenie.
While he fought off two or three dogs, the others stole the rest.

Podczas gdy on odpędzał dwa lub trzy psy, pozostali ukradli resztę.

To fix this, he began eating as fast as the others ate.

Aby temu zaradzić, zaczął jeść tak szybko, jak inni.

Hunger pushed him so hard that he even took food not his own.

Głód dawał mu się we znaki tak bardzo, że zjadał nawet pożywienie, które nie było jego.

He watched the others and learned quickly from their actions.

Obserwował innych i szybko wyciągał wnioski z ich działań.

He saw Pike, a new dog, steal a slice of bacon from Perrault.

Widział, jak Pike, nowy pies, ukradł Perraultowi kawałek bekonu.

Pike had waited until Perrault's back was turned to steal the bacon.

Pike czekał, aż Perrault odwróci się, żeby ukraść bekon.

The next day, Buck copied Pike and stole the whole chunk.

Następnego dnia Buck skopiował Pike'a i ukradł cały kawałek.

A great uproar followed, but Buck was not suspected.

Wybuchło wielkie poruszenie, ale Bucka nikt nie podejrzewał.

Dub, a clumsy dog who always got caught, was punished instead.

Zamiast tego ukarano Duba, niezdarnego psa, który zawsze dawał się złapać.

That first theft marked Buck as a dog fit to survive the North.

Ta pierwsza kradzież pokazała, że Buck jest psem gotowym przetrwać na Północy.

He showed he could adapt to new conditions and learn quickly.

Pokazał, że potrafi przystosować się do nowych warunków i szybko się uczyć.

Without such adaptability, he would have died swiftly and badly.

Gdyby nie jego zdolności adaptacyjne, zginąłby szybko i boleśnie.

It also marked the breakdown of his moral nature and past values.

Był to również moment załamania się jego moralności i dawnych wartości.

In the Southland, he had lived under the law of love and kindness.

Na Południu żył według prawa miłości i dobroci.

There it made sense to respect property and other dogs' feelings.

W tym przypadku sensowne było poszanowanie własności i uczuć innych psów.

But the Northland followed the law of club and the law of fang.

Ale w Northlandzie obowiązywało prawo maczugi i prawo kła.

Whoever respected old values here was foolish and would fail.

Ktokolwiek szanował stare wartości, był głupi i poniósł porażkę.

Buck did not reason all this out in his mind.

Buck nie rozmyślał nad tym wszystkim.

He was fit, and so he adjusted without needing to think.

Był sprawny, więc przystosował się bez zastanowienia.

All his life, he had never run away from a fight.

Przez całe życie nigdy nie uciekł przed walką.

But the wooden club of the man in the red sweater changed that rule.

Ale drewniana pałka mężczyzny w czerwonym swetrze zmieniła tę zasadę.

Now he followed a deeper, older code written into his being.

Teraz postępował zgodnie ze starszym, głębszym kodem zapisanym w jego istocie.

He did not steal out of pleasure, but from the pain of hunger.

Nie kradł z przyjemności, lecz z bólu głodu.

He never robbed openly, but stole with cunning and care.

Nigdy nie kradł otwarcie, ale kradł chytrze i ostrożnie.

He acted out of respect for the wooden club and fear of the fang.

Zrobił to z szacunku do drewnianej maczugi i ze strachu przed kłem.

In short, he did what was easier and safer than not doing it.

Krótko mówiąc, zrobił to, co było łatwiejsze i bezpieczniejsze, niż gdyby tego nie zrobił.

His development—or perhaps his return to old instincts— was fast.

Jego rozwój — a może powrót do dawnych instynktów — następował szybko.

His muscles hardened until they felt as strong as iron.

Jego mięśnie stwardniały, aż stały się mocne jak żelazo.

He no longer cared about pain, unless it was serious.

Ból nie miał już dla niego znaczenia, chyba że był poważny.

He became efficient inside and out, wasting nothing at all.

Stał się skuteczny, zarówno pod każdym względem, jak i zewnętrznie, nie marnując niczego.

He could eat things that were vile, rotten, or hard to digest.

Potrafił jeść rzeczy obrzydliwe, zgniłe i trudne do strawienia.

Whatever he ate, his stomach used every last bit of value.

Cokolwiek zjadł, jego żołądek wykorzystał każdą odrobinę wartościowego składnika.

His blood carried the nutrients far through his powerful body.

Jego krew rozprowadzała składniki odżywcze po całym jego potężnym ciele.

This built strong tissues that gave him incredible endurance.

Dzięki temu zbudował silne tkanki, co dało mu niesamowitą wytrzymałość.

His sight and smell became much more sensitive than before.

Jego wzrok i węch stały się o wiele bardziej wrażliwe niż wcześniej.

His hearing grew so sharp he could detect faint sounds in sleep.

Jego słuch stał się tak wyostrzony, że mógł słyszeć słabe dźwięki we śnie.

He knew in his dreams whether the sounds meant safety or danger.

W snach wiedział, czy dźwięki oznaczają bezpieczeństwo, czy niebezpieczeństwo.

He learned to bite the ice between his toes with his teeth.

Nauczył się gryźć lód zębami między palcami.

If a water hole froze over, he would break the ice with his legs.

Jeśli zbiornik wodny zamarzł, rozbijał lód nogami.

He reared up and struck the ice hard with stiff front limbs.

Podniósł się i mocno uderzył w lód sztywnymi przednimi kończynami.

His most striking ability was predicting wind changes overnight.

Jego najbardziej zadziwiającą umiejętnością było przewidywanie zmian kierunku wiatru w ciągu nocy.

Even when the air was still, he chose spots sheltered from wind.

Nawet gdy powietrze było nieruchome, wybierał miejsca osłonięte od wiatru.

Wherever he dug his nest, the next day's wind passed him by.

Gdziekolwiek wykopał gniazdo, następnego dnia wiatr go ominął.

He always ended up snug and protected, to leeward of the breeze.

Zawsze czuł się przytulnie i bezpiecznie, po zawietrznej stronie wiatru.

Buck not only learned by experience — his instincts returned too.

Buck nie tylko uczył się na błędach, ale także odzyskiwał instynkty.

The habits of domesticated generations began to fall away.

Przyzwyczajenia udomowionych pokoleń zaczęły zanikać.

In vague ways, he remembered the ancient times of his breed.
W jakiś mglisty sposób przypominał sobie dawne czasy swojej rasy.

He thought back to when wild dogs ran in packs through forests.
Przypomniał sobie czasy, gdy dzikie psy biegały w stadach po lasach.

They had chased and killed their prey while running it down.
Gonili i zabijali swoją ofiarę.

It was easy for Buck to learn how to fight with tooth and speed.
Buckowi łatwo było nauczyć się walczyć z użyciem pazura i szybkości.

He used cuts, slashes, and quick snaps just like his ancestors.
Stosował cięcia, cięcia i szybkie trzaski tak jak jego przodkowie.

Those ancestors stirred within him and awoke his wild nature.
Przodkowie poruszyli się w nim i obudzili jego dziką naturę.

Their old skills had passed into him through the bloodline.
Ich stare umiejętności zostały mu przekazane poprzez linię krwi.

Their tricks were his now, with no need for practice or effort.
Teraz ich sztuczki były jego, bez potrzeby praktyki czy wysiłku.

On still, cold nights, Buck lifted his nose and howled.
W spokojne, zimne noce Buck podnosił nos i wył.

He howled long and deep, the way wolves had done long ago.
Wył długo i głęboko, tak jak wyły wilki dawno temu.

Through him, his dead ancestors pointed their noses and howled.

Przez niego jego zmarli przodkowie wskazywali nosami i wyli.

They howled down through the centuries in his voice and shape.

Wyły przez wieki jego głosem i kształtem.

His cadences were theirs, old cries that told of grief and cold.

Jego rytm był ich rytmem, starymi krzykami, które mówiły o żalu i zimnie.

They sang of darkness, of hunger, and the meaning of winter.

Śpiewali o ciemności, głodzie i znaczeniu zimy.

Buck proved of how life is shaped by forces beyond oneself,

Buck udowodnił, że życie kształtowane jest przez siły wykraczające poza nas samych,

the ancient song rose through Buck and took hold of his soul.

starożytna pieśń przeszyła Bucka i zawładnęła jego duszą.

He found himself because men had found gold in the North.

Odnalazł siebie, ponieważ ludzie na Północy znaleźli złoto.

And he found himself because Manuel, the gardener's helper, needed money.

A znalazł się tam, ponieważ Manuel, pomocnik ogrodnika, potrzebował pieniędzy.

The Dominant Primordial Beast
Dominująca pierwotna bestia

The dominant primordial beast was as strong as ever in Buck.
Dominująca pierwotna bestia była silna jak zawsze w przypadku Bucka.

But the dominant primordial beast had lain dormant in him.
Jednakże dominująca pierwotna bestia w nim pozostawała uśpiona.

Trail life was harsh, but it strengthened beast inside Buck.
Życie na szlaku było trudne, ale dzięki niemu w Bucku zagościła silniejsza bestia.

Secretly the beast grew stronger and stronger every day.
W tajemnicy bestia stawała się z dnia na dzień silniejsza.

But that inner growth stayed hidden to the outside world.
Jednak ten wewnętrzny rozwój pozostał ukryty przed światem zewnętrznym.

A quiet and calm primordial force was building inside Buck.
W Bucku narastała cicha i spokojna pierwotna siła.

New cunning gave Buck balance, calm control, and poise.
Nowa przebiegłość dała Buckowi równowagę, spokój i opanowanie.

Buck focused hard on adapting, never feeling fully relaxed.
Buck koncentrował się na przystosowaniu, nigdy nie czując się w pełni zrelaksowany.

He avoided conflict, never starting fights, nor seeking trouble.
Unikał konfliktów, nigdy nie wszczynał bójek i nie szukał kłopotów.

A slow, steady thoughtfulness shaped Buck's every move.
Każdy ruch Bucka był przepełniony powolnością i rozwagą.

He avoided rash choices and sudden, reckless decisions.
Unikał pochopnych wyborów i nagłych, lekkomyślnych decyzji.

Though Buck hated Spitz deeply, he showed him no aggression.

Mimo że Buck bardzo nienawidził Spitz'a, nie okazywał mu agresji.

Buck never provoked Spitz, and kept his actions restrained.

Buck nigdy nie prowokował Spitza i zachował umiar w swoich działaniach.

Spitz, on the other hand, sensed the growing danger in Buck.

Spitz z kolei wyczuł narastające zagrożenie w Bucku.

He saw Buck as a threat and a serious challenge to his power.

Uważał Bucka za zagrożenie i poważne wyzwanie dla swojej władzy.

He used every chance to snarl and show his sharp teeth.

Przy każdej okazji warczał i pokazywał ostre zęby.

He was trying to start the deadly fight that had to come.

Próbował rozpocząć śmiertelną walkę, która musiała nastąpić.

Early in the trip, a fight nearly broke out between them.

Już na początku podróży niemal doszło między nimi do bójki.

But an unexpected accident stopped the fight from happening.

Jednak nieoczekiwany wypadek uniemożliwił dojście do walki.

That evening they set up camp on the bitterly cold Lake Le Barge.

Tego wieczoru rozbili obóz nad lodowatym jeziorem Le Barge.

The snow was falling hard, and the wind cut like a knife.

Śnieg padał mocno, a wiatr wiał ostro.

The night had come too fast, and darkness surrounded them.

Noc nadeszła zbyt szybko i otoczyła ich ciemność.

They could hardly have chosen a worse place for rest.

Trudno było wybrać gorsze miejsce na odpoczynek.

The dogs searched desperately for a place to lie down.

Psy rozpaczliwie szukały miejsca, gdzie mogłyby się położyć.

A tall rock wall rose steeply behind the small group.

Za małą grupą wznosiła się wysoka, skalista ściana.

The tent had been left behind in Dyea to lighten the load.

Namiot pozostawiono w Dyea, aby zmniejszyć ładunek.

They had no choice but to make the fire on the ice itself.
Nie mieli innego wyjścia, jak rozpalić ogień na samym lodzie.
They spread their sleeping robes directly on the frozen lake.
Rozłożyli swoje szaty do spania bezpośrednio na
zamarzniętym jeziorze.
A few sticks of driftwood gave them a little bit of fire.
Kilka kawałków drewna dało im odrobinę ognia.
But the fire was built on the ice, and thawed through it.
Ale ogień rozpalił się na lodzie i rozmroził się przez niego.
Eventually they were eating their supper in darkness.
W końcu jedli kolację w ciemnościach.
**Buck curled up beside the rock, sheltered from the cold
wind.**
Buck zwinął się obok skały, chroniąc się przed zimnym
wiatrem.
**The spot was so warm and safe that Buck hated to move
away.**
Było tam tak ciepło i bezpiecznie, że Buckowi nie chciało się
stąd ruszać.
**But François had warmed the fish and was handing out
rations.**
Ale François podgrzał rybę i rozdawał racje żywnościowe.
Buck finished eating quickly, and returned to his bed.
Buck szybko skończył jeść i wrócił do łóżka.
But Spitz was now laying where Buck had made his bed.
Ale Spitz leżał teraz tam, gdzie Buck zrobił sobie łóżko.
A low snarl warned Buck that Spitz refused to move.
Niskie warknięcie ostrzegło Bucka, że Spitz nie zamierza się
ruszyć.
Until now, Buck had avoided this fight with Spitz.
Aż do tej pory Buck unikał walki ze Spitzem.
But deep inside Buck the beast finally broke loose.
Lecz głęboko w sercu Bucka bestia w końcu się uwolniła.
The theft of his sleeping place was too much to tolerate.
Kradzież miejsca do spania była dla niego nie do zniesienia.
Buck launched himself at Spitz, full of anger and rage.
Buck rzucił się na Spitza, pełen gniewu i wściekłości.

Up until not Spitz had thought Buck was just a big dog.

Aż do teraz Spitz myślał, że Buck to po prostu duży pies.

He didn't think Buck had survived through his spirit.

Nie wierzył, że Buck przeżył dzięki swojemu duchowi.

He was expecting fear and cowardice, not fury and revenge.

Spodziewał się strachu i tchórzostwa, a nie wściekłości i zemsty.

François stared as both dogs burst from the ruined nest.

François patrzył, jak oba psy wyskakują ze zniszczonego gniazda.

He understood at once what had started the wild struggle.

Od razu zrozumiał, co było przyczyną tej zaciekłej walki.

"A-a-ah!" François cried out in support of the brown dog.

„Aa-ah!" – krzyknął François, wspierając brązowego psa.

"Give him a beating! By God, punish that sneaky thief!"

„Dajcie mu lanie! Na Boga, ukarzcie tego podstępnego złodzieja!"

Spitz showed equal readiness and wild eagerness to fight.

Spitz wykazywał równą gotowość i ogromną chęć walki.

He cried out in rage while circling fast, seeking an opening.

Krzyknął ze złości i zaczął szybko krążyć, szukając otwarcia.

Buck showed the same hunger to fight, and the same caution.

Buck wykazywał tę samą chęć walki i tę samą ostrożność.

He circled his opponent as well, trying to gain the upper hand in battle.

Okrążył również swojego przeciwnika, próbując zyskać przewagę w walce.

Then something unexpected happened and changed everything.

A potem wydarzyło się coś nieoczekiwanego i wszystko się zmieniło.

That moment delayed the eventual fight for the leadership.

Ten moment opóźnił ostateczną walkę o przywództwo.

Many miles of trail and struggle still waited before the end.

Do końca pozostało jeszcze wiele mil szlaku i zmagań.

Perrault shouted an oath as a club smacked against bone.

Perrault krzyknął przekleństwo, gdy pałka uderzyła w kość.

A sharp yelp of pain followed, then chaos exploded all around.

Potem rozległ się ostry krzyk bólu, a potem wokół wybuchł chaos.

Dark shapes moved in camp; wild huskies, starved and fierce.

Po obozie poruszały się ciemne sylwetki: dzikie husky, wygłodzone i dzikie.

Four or five dozen huskies had sniffed the camp from far away.

Cztery lub pięć tuzinów husky wywąchało obóz z daleka.

They had crept in quietly while the two dogs fought nearby.

Podkradli się cicho, podczas gdy dwa psy walczyły w pobliżu.

François and Perrault charged, swinging clubs at the invaders.

François i Perrault rzucili się do ataku, wymachując pałkami w stronę najeźdźców.

The starving huskies showed teeth and fought back in frenzy.

Wygłodzone husky pokazały zęby i walczyły zaciekle.

The smell of meat and bread had driven them past all fear.

Zapach mięsa i chleba przegoniły ich wszelki strach.

Perrault beat a dog that had buried its head in the grub-box.

Perrault bił psa, który schował głowę w kuwecie.

The blow hit hard, and the box flipped, food spilling out.

Uderzenie było tak silne, że pudełko się przewróciło, a jedzenie wysypało się z niego.

In seconds, a score of wild beasts tore into the bread and meat.

W ciągu kilku sekund chmara dzikich zwierząt rzuciła się na chleb i mięso.

The men's clubs landed blow after blow, but no dog turned away.

Mężczyźni zadawali cios za ciosem, ale żaden pies nie odwracał wzroku.

They howled in pain, but fought until no food remained.

Wyli z bólu, ale walczyli, dopóki nie zabrakło im pożywienia.

Meanwhile, the sled-dogs had jumped from their snowy beds.

Tymczasem psy zaprzęgowe wyskoczyły ze swoich zaśnieżonych legowisk.

They were instantly attacked by the vicious hungry huskies.

Natychmiast zaatakowały ich dzikie i głodne psy husky.

Buck had never seen such wild and starved creatures before.

Buck nigdy wcześniej nie widział tak dzikich i wygłodniałych stworzeń.

Their skin hung loose, barely hiding their skeletons.

Ich skóra zwisała luźno, ledwie zakrywając szkielety.

There was a fire in their eyes, from hunger and madness

W ich oczach płonął ogień, od głodu i szaleństwa

There was no stopping them; no resisting their savage rush.

Nie było możliwości ich zatrzymania, nie można było oprzeć się ich dzikiemu natarciu.

The sled-dogs were shoved back, pressed against the cliff wall.

Psy zaprzęgowe zostały odepchnięte i przyciśnięte do ściany klifu.

Three huskies attacked Buck at once, tearing into his flesh.

Trzy husky rzuciły się na Bucka jednocześnie, rozrywając mu ciało.

Blood poured from his head and shoulders, where he'd been cut.

Krew lała się z jego głowy i ramion, gdzie został rozcięty.

The noise filled the camp; growling, yelps, and cries of pain.

Hałas wypełnił obóz: warczenie, wycie i krzyki bólu.

Billee cried loudly, as usual, caught in the fray and panic.

Billee, jak zwykle, krzyknęła głośno, pochłonięta kłótnią i paniką.

Dave and Solleks stood side by side, bleeding but defiant.

Dave i Solleks stali obok siebie, krwawiąc, ale stawiając opór.

Joe fought like a demon, biting anything that came close.

Joe walczył jak demon, gryząc każdego, kto się do niego zbliżył.

He crushed a husky's leg with one brutal snap of his jaws.
Jednym brutalnym trzaśnięciem szczęk zmiażdżył nogę husky'ego.

Pike jumped on the wounded husky and broke its neck instantly.
Pike rzucił się na rannego husky'ego i na miejscu złamał mu kark.

Buck caught a husky by the throat and ripped through the vein.
Buck złapał husky'ego za gardło i przeciął mu żyłę.

Blood sprayed, and the warm taste drove Buck into a frenzy.
Trysnęła krew, a jej ciepły smak wprawił Bucka w szał.

He hurled himself at another attacker without hesitation.
Bez wahania rzucił się na kolejnego napastnika.

At the same moment, sharp teeth dug into Buck's own throat.
W tym samym momencie ostre zęby wbiły się w gardło Bucka.

Spitz had struck from the side, attacking without warning.
Spitz zaatakował z boku, niespodziewanie.

Perrault and François had defeated the dogs stealing the food.
Perrault i François pokonali psy kradnące jedzenie.

Now they rushed to help their dogs fight back the attackers.
Teraz rzucili się, by pomóc swoim psom odeprzeć napastników.

The starving dogs retreated as the men swung their clubs.
Głodne psy cofnęły się, gdy mężczyźni wymachiwali pałkami.

Buck broke free from the attack, but the escape was brief.
Buckowi udało się uwolnić od ataku, ale ucieczka nie trwała długo.

The men ran to save their dogs, and the huskies swarmed again.
Mężczyźni pobiegli ratować swoje psy, ale husky znów się rzuciły.

Billee, frightened into bravery, leapt into the pack of dogs.
Billee, przestraszony i odważny, rzucił się w sforę psów.

But then he fled across the ice, in raw terror and panic.

Ale potem uciekł przez lód, w panice i przerażeniu.

Pike and Dub followed close behind, running for their lives.

Pike i Dub podążali tuż za nimi, uciekając, by ratować życie.

The rest of the team broke and scattered, following after them.

Reszta drużyny rozproszyła się i podążyła za nimi.

Buck gathered his strength to run, but then saw a flash.

Buck zebrał siły, żeby uciekać, ale wtedy zobaczył błysk.

Spitz lunged at Buck's side, trying to knock him to the ground.

Spitz rzucił się na Bucka, próbując powalić go na ziemię.

Under that mob of huskies, Buck would have had no escape.

Pod osłoną tej gromady husky Buck nie miałby szans na ucieczkę.

But Buck stood firm and braced for the blow from Spitz.

Jednak Buck pozostał nieugięty i przygotował się na cios Spitza.

Then he turned and ran out onto the ice with the fleeing team.

Następnie odwrócił się i wybiegł na lód wraz z uciekającą drużyną.

Later, the nine sled-dogs gathered in the shelter of the woods.

Później dziewięć psów zaprzęgowych zebrało się pod osłoną lasu.

No one chased them anymore, but they were battered and wounded.

Nikt ich już nie gonił, ale byli pobici i ranni.

Each dog had wounds; four or five deep cuts on every body.

Każdy pies miał rany: cztery lub pięć głębokich cięć na ciele każdego.

Dub had an injured hind leg and struggled to walk now.

Dub miał uszkodzoną tylną nogę i teraz miał problemy z chodzeniem.

Dolly, the newest dog from Dyea, had a slashed throat.

Dolly, najnowszy pies z Dyea, miał poderżnięte gardło.

Joe had lost an eye, and Billee's ear was cut to pieces
Joe stracił oko, a ucho Billee zostało pocięte na kawałki
All the dogs cried in pain and defeat through the night.
Wszystkie psy wyły z bólu i porażki przez całą noc.
At dawn they crept back to camp, sore and broken.
O świcie wrócili do obozu, obolali i połamani.
The huskies had vanished, but the damage had been done.
Husky zniknęły, ale szkody zostały wyrządzone.
Perrault and François stood in foul moods over the ruin.
Perrault i François byli w kiepskim nastroju z powodu ruiny.
Half of the food was gone, snatched by the hungry thieves.
Połowa jedzenia zniknęła, rozkradziona przez głodnych
złodziei.
The huskies had torn through sled bindings and canvas.
Husky rozerwały wiązania i płótno sań.
Anything with a smell of food had been devoured
completely.
Wszystko co pachniało jedzeniem zostało całkowicie pożarte.
They ate a pair of Perrault's moose-hide traveling boots.
Zjedli parę podróżnych butów Perraulta wykonanych z łosiej
skóry.
They chewed leather reis and ruined straps beyond use.
Przeżuwali skórzane reisy i niszczyli paski do tego stopnia, że
nie nadawały się do użytku.
François stopped staring at the torn lash to check the dogs.
François przestał patrzeć na podartą rzęsę, aby sprawdzić psy.
"Ah, my friends," he said, his voice low and filled with
worry.
„Ach, moi przyjaciele" – powiedział cichym, pełnym troski
głosem.
"Maybe all these bites will turn you into mad beasts."
„Może wszystkie te ugryzienia zamienią was w szalone
bestie".
"Maybe all mad dogs, sacredam! What do you think,
Perrault?"
„Może wszystkie wściekłe psy, sacredam! Co o tym myślisz,
Perrault?"

Perrault shook his head, eyes dark with concern and fear.
Perrault pokręcił głową, jego oczy pociemniały z troski i strachu.

Four hundred miles still lay between them and Dawson.
Między nimi a Dawsonem było jeszcze czterysta mil.

Dog madness now could destroy any chance of survival.
Szaleństwo psów może teraz zniszczyć wszelkie szanse na przetrwanie.

They spent two hours swearing and trying to fix the gear.
Przez dwie godziny przeklinali i próbowali naprawić sprzęt.

The wounded team finally left the camp, broken and defeated.
Ranna drużyna w końcu opuściła obóz, złamana i pokonana.

This was the hardest trail yet, and each step was painful.
To był najtrudniejszy ze wszystkich szlaków i każdy krok sprawiał ból.

The Thirty Mile River had not frozen, and was rushing wildly.
Rzeka Thirty Mile nie zamarzła i płynęła gwałtownie.

Only in calm spots and swirling eddies did ice manage to hold.
Tylko w spokojnych miejscach i wirujących zawirowaniach lód udawało się utrzymać.

Six days of hard labor passed until the thirty miles were done.
Po sześciu dniach ciężkiej pracy pokonaliśmy trzydzieści mil.

Each mile of the trail brought danger and the threat of death.
Każdy kilometr szlaku niósł ze sobą niebezpieczeństwo i groźbę śmierci.

The men and dogs risked their lives with every painful step.
Mężczyźni i psy ryzykowali życie przy każdym bolesnym kroku.

Perrault broke through thin ice bridges a dozen different times.
Perraultowi udało się przebić przez cienkie mosty lodowe dziesiątki razy.

He carried a pole and let it fall across the hole his body made.

Wziął do ręki drąg i rzucił go w dół, w dół otworu, który zrobił jego ciało.

More than once did that pole save Perrault from drowning.

Niejednokrotnie ten kij uratował Perraulta przed utonięciem.

The cold snap held firm, the air was fifty degrees below zero.

Fala mrozu utrzymywała się, temperatura powietrza wynosiła pięćdziesiąt stopni poniżej zera.

Every time he fell in, Perrault had to light a fire to survive.

Za każdym razem, gdy wpadł do wody, Perrault musiał rozpalić ogień, aby przeżyć.

Wet clothing froze fast, so he dried them near blazing heat.

Mokre ubrania szybko zamarzały, więc suszył je w pobliżu gorącego powietrza.

No fear ever touched Perrault, and that made him a courier.

Perrault nigdy nie znał strachu i to uczyniło go kurierem.

He was chosen for danger, and he met it with quiet resolve.

Wybrano go na niebezpieczeństwo i stawił mu czoła z cichą determinacją.

He pressed forward into wind, his shriveled face frostbitten.

Napierał na wiatr, a jego pomarszczona twarz była odmrożona.

From faint dawn to nightfall, Perrault led them onward.

Perrault prowadził ich dalej od bladego świtu do zapadnięcia zmroku.

He walked on narrow rim ice that cracked with every step.

Szedł po wąskiej krawędzi lodu, która pękała przy każdym kroku.

They dared not stop—each pause risked a deadly collapse.

Nie odważyli się zatrzymać, gdyż każda przerwa groziła śmiertelnym upadkiem.

One time the sled broke through, pulling Dave and Buck in.

Pewnego razu sanie przebiły się i wciągnęły Dave'a i Bucka.

By the time they were dragged free, both were near frozen.

Kiedy ich uwolniono, oboje byli prawie zamarznięci.

The men built a fire quickly to keep Buck and Dave alive.

Mężczyźni szybko rozpalili ognisko, aby ocalić Bucka i Dave'a.

The dogs were coated in ice from nose to tail, stiff as carved wood.

Psy były pokryte lodem od nosa aż po ogon, sztywne jak rzeźbione drewno.

The men ran them in circles near the fire to thaw their bodies.

Mężczyźni krążyli wokół ognia, żeby rozmrozić ciała.

They came so close to the flames that their fur was singed.

Podeszli tak blisko płomieni, że ich futro się przypaliło.

Spitz broke through the ice next, dragging in the team behind him.

Następnie Spitz przebił się przez lód, ciągnąc za sobą drużynę.

The break reached all the way up to where Buck was pulling.

Przerwa sięgała aż do miejsca, w którym ciągnął Buck.

Buck leaned back hard, paws slipping and trembling on the edge.

Buck odchylił się mocno do tyłu, jego łapy ześlizgnęły się i zadrżały na krawędzi.

Dave also strained backward, just behind Buck on the line.

Dave również naprężył się do tyłu, tuż za Buckiem na linii.

François hauled on the sled, his muscles cracking with effort.

François ciągnął sanie, jego mięśnie trzeszczały z wysiłku.

Another time, rim ice cracked before and behind the sled.

Innym razem lód na krawędzi sań popękał przed i za nimi.

They had no way out except to climb a frozen cliff wall.

Nie mieli innego wyjścia, jak wspiąć się na zamarzniętą ścianę klifu.

Perrault somehow climbed the wall; a miracle kept him alive.

Perraultowi jakimś cudem udało się wspiąć na mur; cud pozwolił mu przeżyć.

François stayed below, praying for the same kind of luck.

François pozostał na dole, modląc się o podobne szczęście.

They tied every strap, lashing, and trace into one long rope.

Związali wszystkie paski, wiązania i linki w jedną długą linę.

The men hauled each dog up, one at a time to the top.

Mężczyźni wciągnęli po kolei wszystkie psy na górę.

François climbed last, after the sled and the entire load.

François wspiął się ostatni, za saniami i całym ładunkiem.

Then began a long search for a path down from the cliffs.

Następnie rozpoczęły się długie poszukiwania ścieżki prowadzącej w dół z klifu.

They finally descended using the same rope they had made.

W końcu zeszli na dół, korzystając z tej samej liny, którą sami zrobili.

Night fell as they returned to the riverbed, exhausted and sore.

Noc zapadła, gdy wrócili do koryta rzeki, wyczerpani i obolali.

They had taken a full day to cover only a quarter of a mile.

Cały dzień pozwolił im przebyć zaledwie ćwierć mili.

By the time they reached the Hootalinqua, Buck was worn out.

Gdy dotarli do Hootalinqua, Buck był już wyczerpany.

The other dogs suffered just as badly from the trail conditions.

Pozostałe psy cierpiały równie mocno z powodu warunków panujących na szlaku.

But Perrault needed to recover time, and pushed them on each day.

Ale Perrault potrzebował czasu, żeby odzyskać siły, i każdego dnia wywierał na nich presję.

The first day they traveled thirty miles to Big Salmon.

Pierwszego dnia przejechali trzydzieści mil do Big Salmon.

The next day they travelled thirty-five miles to Little Salmon.

Następnego dnia przebyli trzydzieści pięć mil, aby dotrzeć do Little Salmon.

On the third day they pushed through forty long frozen miles.
Trzeciego dnia przebyli czterdzieści długich, zamarzniętych mil.

By then, they were nearing the settlement of Five Fingers.
Wówczas zbliżali się do osady Five Fingers.

Buck's feet were softer than the hard feet of native huskies.
Stopy Bucka były bardziej miękkie niż twarde stopy rodzimych husky.

His paws had grown tender over many civilized generations.
Jego łapy stały się wrażliwsze na przestrzeni wielu cywilizowanych pokoleń.

Long ago, his ancestors had been tamed by river men or hunters.
Dawno temu jego przodkowie zostali oswojeni przez ludzi żyjących nad rzekami lub myśliwych.

Every day Buck limped in pain, walking on raw, aching paws.
Buck każdego dnia utykał z bólu, chodząc na poranionych, bolących łapach.

At camp, Buck dropped like a lifeless form upon the snow.
W obozie Buck padł bez życia na śnieg.

Though starving, Buck did not rise to eat his evening meal.
Chociaż Buck był głodny, nie wstał, aby zjeść kolację.

François brought Buck his ration, laying fish by his muzzle.
François przyniósł Buckowi jego porcję, kładąc rybę za pysk.

Each night the driver rubbed Buck's feet for half an hour.
Każdej nocy kierowca masował stopy Bucka przez pół godziny.

François even cut up his own moccasins to make dog footwear.
François nawet pociął własne mokasyny na kawałki, aby zrobić z nich obuwie dla psów.

Four warm shoes gave Buck a great and welcome relief.
Cztery ciepłe buty dały Buckowi wielką i mile widzianą ulgę.

One morning, François forgot the shoes, and Buck refused to rise.

Pewnego ranka François zapomniał o butach, a Buck nie chciał wstać.

Buck lay on his back, feet in the air, waving them pitifully.

Buck leżał na plecach, machając stopami w powietrzu i żałośnie nimi machając.

Even Perrault grinned at the sight of Buck's dramatic plea.

Nawet Perrault uśmiechnął się na widok dramatycznej prośby Bucka.

Soon Buck's feet grew hard, and the shoes could be discarded.

Wkrótce stopy Bucka stwardniały i buty można było wyrzucić.

At Pelly, during harness time, Dolly let out a dreadful howl.

W czasie zaprzęgu Pelly Dolly wydała z siebie przeraźliwy wycie.

The cry was long and filled with madness, shaking every dog.

Krzyk był długi i pełen szaleństwa, wstrząsnął każdym psem.

Each dog bristled in fear without knowing the reason.

Każdy pies zjeżył się ze strachu, nie wiedząc dlaczego.

Dolly had gone mad and hurled herself straight at Buck.

Dolly wpadła w szał i rzuciła się prosto na Bucka.

Buck had never seen madness, but horror filled his heart.

Buck nigdy nie widział szaleństwa, ale jego serce przepełniało przerażenie.

With no thought, he turned and fled in absolute panic.

Nie zastanawiając się długo, odwrócił się i uciekł w kompletnej panice.

Dolly chased him, her eyes wild, saliva flying from her jaws.

Dolly goniła go, jej oczy były dzikie, a z pyska ciekła ślina.

She kept right behind Buck, never gaining and never falling back.

Trzymała się tuż za Buckiem, ani go nie wyprzedzała, ani nie zwalniała.

Buck ran through woods, down the island, across jagged ice.

Buck pobiegł przez lasy, w dół wyspy, po nierównym lodzie.

He crossed to an island, then another, circling back to the river.

Przepłynął na jedną wyspę, potem na drugą, wracając w stronę rzeki.

Still Dolly chased him, her growl close behind at every step.

Dolly nadal go goniła, warcząc przy każdym kroku.

Buck could hear her breath and rage, though he dared not look back.

Buck słyszał jej oddech i wściekłość, choć nie odważył się obejrzeć.

François shouted from afar, and Buck turned toward the voice.

François krzyknął z daleka i Buck odwrócił się w kierunku głosu.

Still gasping for air, Buck ran past, placing all hope in François.

Buck, wciąż łapczywie łapiąc powietrze, przebiegł obok, pokładając całą nadzieję w François.

The dog-driver raised an axe and waited as Buck flew past.

Poganiacz psa podniósł siekierę i czekał, aż Buck przeleci obok.

The axe came down fast and struck Dolly's head with deadly force.

Topór opadł szybko i uderzył Dolly w głowę ze śmiertelną siłą.

Buck collapsed near the sled, wheezing and unable to move.

Buck upadł obok sań, dysząc i nie mogąc się ruszyć.

That moment gave Spitz his chance to strike an exhausted foe.

Ten moment dał Spitzowi szansę na zaatakowanie wyczerpanego przeciwnika.

Twice he bit Buck, ripping flesh down to the white bone.

Dwa razy ugryzł Bucka, rozrywając jego ciało aż do białej kości.

François's whip cracked, striking Spitz with full, furious force.

Bicz François'a trzasnął, uderzając Spitza z pełną, wściekłą siłą.

Buck watched with joy as Spitz received his harshest beating yet.

Buck z radością patrzył, jak Spitz otrzymał najmocniejsze lanie w swojej karierze.

"He's a devil, that Spitz," Perrault muttered darkly to himself.

„Ten Szpic to prawdziwy diabeł" – mruknął ponuro Perrault do siebie.

"Someday soon, that cursed dog will kill Buck — I swear it."

„Pewnego dnia, niedługo, ten przeklęty pies zabije Bucka, przysięgam."

"That Buck has two devils in him," François replied with a nod.

„W tym Bucku kryją się dwa diabły" – odpowiedział François, kiwając głową.

"When I watch Buck, I know something fierce waits in him."

„Kiedy patrzę na Bucka, wiem, że kryje się w nim coś groźnego".

"One day, he'll get mad as fire and tear Spitz to pieces."

„Pewnego dnia wpadnie we wściekłość i rozszarpie Spitza na strzępy."

"He'll chew that dog up and spit him on the frozen snow."

„On pogryzie tego psa i wypluje go na zamarznięty śnieg".

"Sure as anything, I know this deep in my bones."

„Na pewno, czuję to głęboko w kościach."

From that moment forward, the two dogs were locked in war.

Od tego momentu pomiędzy dwoma psami trwała wojna.

Spitz led the team and held power, but Buck challenged that.

Spitz przewodził drużynie i miał władzę, ale Buck temu zakwestionował.

Spitz saw his rank threatened by this odd Southland stranger.

Spitz uznał, że jego ranga jest zagrożona przez tego dziwnego przybysza z Południa.

Buck was unlike any southern dog Spitz had known before.

Buck nie przypominał żadnego południowego psa, jakiego szpice kiedykolwiek znali.

Most of them failed—too weak to live through cold and hunger.

Większość z nich poniosła porażkę — byli zbyt słabi, by przetrwać zimno i głód.

They died fast under labor, frost, and the slow burn of famine.

Umierali szybko z powodu pracy, mrozu i powolnego głodu.

Buck stood apart—stronger, smarter, and more savage each day.

Buck wyróżniał się — z każdym dniem silniejszy, mądrzejszy i bardziej dziki.

He thrived on hardship, growing to match the northern huskies.

Dobrze znosił trudności i dorósł dorównując północnym husky.

Buck had strength, wild skill, and a patient, deadly instinct.

Buck miał siłę, niezwykłe umiejętności oraz cierpliwy i śmiercionośny instynkt.

The man with the club had beaten rashness out of Buck.

Człowiek z pałką wybił Bucka z rytmu.

Blind fury was gone, replaced by quiet cunning and control.

Ślepa furia zniknęła, zastąpiona cichą przebiegłością i kontrolą.

He waited, calm and primal, watching for the right moment.

Czekał spokojnie i pierwotnie, wypatrując właściwego momentu.

Their fight for command became unavoidable and clear.

Ich walka o dowództwo stała się nieunikniona i oczywista.

Buck desired leadership because his spirit demanded it.

Buck pragnął przywództwa, ponieważ wymagał tego jego duch.

He was driven by the strange pride born of trail and harness.

Napędzała go dziwna duma zrodzona z wypraw szlakowych i uprzęży.

That pride made dogs pull till they collapsed on the snow.

Ta duma sprawiała, że psy ciągnęły, aż padły na śnieg.

Pride lured them into giving all the strength they had.

Duma kazała im dać z siebie wszystko.

Pride can lure a sled-dog even to the point of death.

Pycha może doprowadzić psa zaprzęgowego nawet do śmierci.

Losing the harness left dogs broken and without purpose.

Utrata uprzęży powodowała, że psy były wyniszczone i pozbawione celu.

The heart of a sled-dog can be crushed by shame when they retire.

Serce psa zaprzęgowego może zostać złamane przez wstyd, gdy przejdzie na emeryturę.

Dave lived by that pride as he dragged the sled from behind.

Dave kierował się tą dumą, ciągnąc sanie od tyłu.

Solleks, too, gave his all with grim strength and loyalty.

Solleks także dał z siebie wszystko, wykazał się ponurą siłą i lojalnością.

Each morning, pride turned them from bitter to determined.

Każdego ranka duma zmieniała ich z rozgoryczonych w zdeterminowanych.

They pushed all day, then dropped silent at the camp's end.

Naciskali cały dzień, a potem ucichli na końcu obozu.

That pride gave Spitz the strength to beat shirkers into line.

Ta duma dała Spitzowi siłę, by zmusić uchylających się od służby do stania w szeregu.

Spitz feared Buck because Buck carried that same deep pride.

Spitz bał się Bucka, ponieważ Buck był dumny z siebie i innych.

Buck's pride now stirred against Spitz, and he did not stop.

Duma Bucka w tej chwili obudziła Spitza i nie przestawał.

Buck defied Spitz's power and blocked him from punishing dogs.

Buck sprzeciwił się Spitzowi i uniemożliwił mu karanie psów.

When others failed, Buck stepped between them and their leader.

Kiedy inni zawiedli, Buck stanął między nimi a ich przywódcą.

He did this with intent, making his challenge open and clear.

Uczynił to celowo, czyniąc swoje wyzwanie otwartym i jasnym.

On one night heavy snow blanketed the world in deep silence.

Pewnej nocy gęsty śnieg pokrył świat głęboką ciszą.

The next morning, Pike, lazy as ever, did not rise for work.

Następnego ranka Pike, leniwy jak zwykle, nie wstał do pracy.

He stayed hidden in his nest beneath a thick layer of snow.

Pozostał ukryty w gnieździe pod grubą warstwą śniegu.

François called out and searched, but could not find the dog.

François wołał i szukał psa, ale nie mógł go znaleźć.

Spitz grew furious and stormed through the snow-covered camp.

Spitz wpadł we wściekłość i pobiegł przez pokryty śniegiem obóz.

He growled and sniffed, digging madly with blazing eyes.

Warczał i węszył, kopiąc jak szalony, a jego oczy płonęły.

His rage was so fierce that Pike shook under the snow in fear.

Jego wściekłość była tak wielka, że Pike trząsł się pod śniegiem ze strachu.

When Pike was finally found, Spitz lunged to punish the hiding dog.

Kiedy w końcu odnaleziono Pike'a, Spitz rzucił się, by ukarać ukrywającego się psa.

But Buck sprang between them with a fury equal to Spitz's own.

Jednakże Buck rzucił się między nich z wściekłością równą wściekłości Spitz'a.

The attack was so sudden and clever that Spitz fell off his feet.

Atak był tak nagły i sprytny, że Spitz stracił równowagę.

Pike, who had been shaking, took courage from this defiance.

Pike, który cały się trząsł, nabrał odwagi dzięki temu buntowi.

He leapt on the fallen Spitz, following Buck's bold example.

Skoczył na leżącego Szpica, idąc za śmiałym przykładem Bucka.

Buck, no longer bound by fairness, joined the strike on Spitz.

Buck, nie kierując się już zasadami uczciwości, przyłączył się do strajku na Spitz.

François, amused yet firm in discipline, swung his heavy lash.

François, rozbawiony, lecz stanowczy w dyscyplinie, zamachnął się ciężkim batem.

He struck Buck with all his strength to break up the fight.

Uderzył Bucka z całej siły, aby przerwać walkę.

Buck refused to move and stayed atop the fallen leader.

Buck odmówił ruchu i pozostał na leżącym przywódcy.

François then used the whip's handle, hitting Buck hard.

Następnie François użył rękojeści bata i uderzył Bucka mocno.

Staggering from the blow, Buck fell back under the assault.

Buck zatoczył się od ciosu i upadł pod naporem ataku.

François struck again and again while Spitz punished Pike.

François uderzał raz po raz, podczas gdy Spitz karał Pike'a.

Days passed, and Dawson City grew nearer and nearer.

Dni mijały, a Dawson City było coraz bliżej.

Buck kept interfering, slipping between Spitz and other dogs.

Buck ciągle wtrącał się, wślizgując się między Spitz i inne psy.

He chose his moments well, always waiting for François to leave.

Dobrze wybierał momenty, zawsze czekając, aż François odejdzie.

Buck's quiet rebellion spread, and disorder took root in the team.
Cichy bunt Bucka rozprzestrzenił się, a w drużynie zapanował nieporządek.

Dave and Solleks stayed loyal, but others grew unruly.
Dave i Solleks pozostali lojalni, ale inni stali się nieposłuszni.

The team grew worse—restless, quarrelsome, and out of line.
W zespole działo się coraz gorzej — byli niespokojni, kłótliwi i wykraczali poza swoje granice.

Nothing worked smoothly anymore, and fights became common.
Nic już nie działało tak, jak powinno, a walki stały się codziennością.

Buck stayed at the heart of the trouble, always provoking unrest.
Buck pozostawał w centrum problemów i stale prowokował niepokoje.

François stayed alert, afraid of the fight between Buck and Spitz.
François pozostał czujny, bojąc się walki między Buckiem i Spitzem.

Each night, scuffles woke him, fearing the beginning finally arrived.
Każdej nocy budziły go bójki, obawiał się, że w końcu nadszedł początek.

He leapt from his robe, ready to break up the fight.
Zerwał się z szaty, gotowy przerwać walkę.

But the moment never came, and they reached Dawson at last.
Ale ten moment nie nadszedł i w końcu dotarli do Dawson.

The team entered the town one bleak afternoon, tense and quiet.
Zespół wkroczył do miasta pewnego ponurego popołudnia, pełnego napięcia i ciszy.

The great battle for leadership still hung in the frozen air.

Wielka bitwa o przywództwo wciąż wisiała w mroźnym powietrzu.

Dawson was full of men and sled-dogs, all busy with work.

W Dawson było pełno mężczyzn i psów zaprzęgowych, wszyscy zajęci pracą.

Buck watched the dogs pull loads from morning until night.

Buck obserwował psy ciągnące ładunki od rana do wieczora.

They hauled logs and firewood, freighted supplies to the mines.

Przewozili kłody i drewno opałowe, dostarczali zaopatrzenie do kopalni.

Where horses once worked in the Southland, dogs now labored.

Tam, gdzie kiedyś na Południu pracowały konie, teraz pracowały psy.

Buck saw some dogs from the South, but most were wolf-like huskies.

Buck widział kilka psów z Południa, ale większość z nich to były husky przypominające wilki.

At night, like clockwork, the dogs raised their voices in song.

Nocą, jak w zegarku, psy podnosiły głosy, śpiewając.

At nine, at midnight, and again at three, the singing began.

O dziewiątej, o północy i ponownie o trzeciej rozpoczynało się śpiewanie.

Buck loved joining their eerie chant, wild and ancient in sound.

Buck uwielbiał przyłączać się do ich niesamowitego śpiewu, dzikiego i pradawnego w brzmieniu.

The aurora flamed, stars danced, and snow blanketed the land.

Zorza polarna płonęła, gwiazdy tańczyły, a ziemia pokryła się śniegiem.

The dogs' song rose as a cry against silence and bitter cold.

Pieśń psów była krzykiem przeciw ciszy i przenikliwemu zimnu.

But their howl held sorrow, not defiance, in every long note.

Jednakże w ich wyciu każda długa nuta wyrażała smutek, a nie bunt.

Each wailing cry was full of pleading; the burden of life itself.

Każdy płaczliwy krzyk brzmiał w nim jak błaganie, ciężar samego życia.

That song was old—older than towns, and older than fires

Ta piosenka była stara – starsza niż miasta i starsza niż pożary

That song was more ancient even than the voices of men.

Pieśń ta była starsza niż głosy ludzkie.

It was a song from the young world, when all songs were sad.

To była piosenka z młodości, kiedy wszystkie piosenki były smutne.

The song carried sorrow from countless generations of dogs.

Piosenka ta wyrażała smutek niezliczonych pokoleń psów.

Buck felt the melody deeply, moaning from pain rooted in the ages.

Buck głęboko odczuł melodię, jęcząc z bólu zakorzenionego w wiekach.

He sobbed from a grief as old as the wild blood in his veins.

Płakał z żalu tak starego, jak krew krążąca w jego żyłach.

The cold, the dark, and the mystery touched Buck's soul.

Zimno, mrok i tajemnica poruszyły duszę Bucka.

That song proved how far Buck had returned to his origins.

Piosenka ta pokazała, jak daleko Buck powrócił do swoich korzeni.

Through snow and howling he had found the start of his own life.

Poprzez śnieg i wycie odnalazł początek własnego życia.

Seven days after arriving in Dawson, they set off once again.

Siedem dni po przybyciu do Dawson wyruszyli ponownie.

The team dropped from the Barracks down to the Yukon Trail.

Zespół wyruszył z koszar w stronę szlaku Yukon.

They began the journey back toward Dyea and Salt Water.

Rozpoczęli podróż powrotną w kierunku Dyea i Salt Water.

Perrault carried dispatches even more urgent than before.

Perrault wysyłał meldunki jeszcze pilniejsze niż wcześniej.

He was also seized by trail pride and aimed to set a record.

On również był przejęty dumą ze szlaku i miał zamiar pobić rekord.

This time, several advantages were on Perrault's side.

Tym razem Perrault miał kilka przewag.

The dogs had rested for a full week and regained their strength.

Psy odpoczywały przez cały tydzień i odzyskały siły.

The trail they had broken was now hard-packed by others.

Szlak, który przetarli, został teraz utwardzony przez innych.

In places, police had stored food for dogs and men alike.

W niektórych miejscach policja gromadziła żywność dla psów i mężczyzn.

Perrault traveled light, moving fast with little to weigh him down.

Perrault podróżował lekko, poruszał się szybko i nie obciążał się niczym.

They reached Sixty-Mile, a fifty-mile run, by the first night.

Pierwszej nocy dotarli do Sixty-Mile, biegu na dystansie pięćdziesięciu mil.

On the second day, they rushed up the Yukon toward Pelly.

Drugiego dnia ruszyli w górę Jukonu w kierunku Pelly.

But such fine progress came with much strain for François.

Ale takie duże postępy wiązały się dla François z dużym wysiłkiem.

Buck's quiet rebellion had shattered the team's discipline.

Cichy bunt Bucka zniszczył dyscyplinę w drużynie.

They no longer pulled together like one beast in the reins.

Już nie trzymali się razem jak jedno zwierzę w lejcach.

Buck had led others into defiance through his bold example.

Buck swoim odważnym przykładem zmusił innych do buntu.

Spitz's command was no longer met with fear or respect.

Rozkaz Spitza nie spotykał się już ze strachem ani szacunkiem.

The others lost their awe of him and dared to resist his rule.
Pozostali stracili dla niego szacunek i odważyli się sprzeciwić jego rządom.

One night, Pike stole half a fish and ate it under Buck's eye.
Pewnej nocy Pike ukradł połowę ryby i zjadł ją na oczach Bucka.

Another night, Dub and Joe fought Spitz and went unpunished.
Pewnej nocy Dub i Joe walczyli ze Spitzem i pozostali bezkarni.

Even Billee whined less sweetly and showed new sharpness.
Nawet Billee jęczał mniej słodko i okazywał nową ostrość.

Buck snarled at Spitz every time they crossed paths.
Buck warczał na Spitza za każdym razem, gdy mijali się na swojej drodze.

Buck's attitude grew bold and threatening, nearly like a bully.
Postawa Bucka stała się śmiała i groźna, niemal jak u łobuza.

He paced before Spitz with a swagger, full of mocking menace.
Kroczył przed Spitzem pewnym krokiem, pełnym szyderczej groźby.

That collapse of order also spread among the sled-dogs.
Ten upadek porządku rozprzestrzenił się także wśród psów zaprzęgowych.

They fought and argued more than ever, filling camp with noise.
Kłócili się i kłócili bardziej niż kiedykolwiek, wypełniając obóz hałasem.

Camp life turned into a wild, howling chaos each night.
Życie obozowe przeradzało się każdej nocy w dziki, wyjący chaos.

Only Dave and Solleks remained steady and focused.
Tylko Dave i Solleks pozostali opanowani i skoncentrowani.

But even they became short-tempered from the constant brawls.
Ale nawet oni stali się nerwowi z powodu ciągłych bójek.

François cursed in strange tongues and stomped in frustration.

François przeklinał w dziwnych językach i tupał z frustracji.

He tore at his hair and shouted while snow flew underfoot.

Rwał się za włosy i krzyczał, podczas gdy pod nogami fruwał śnieg.

His whip snapped across the pack but barely kept them in line.

Jego bat przecinał sforę, ale ledwo utrzymywał ją w ryzach.

Whenever his back was turned, the fighting broke out again.

Za każdym razem, gdy odwracał się, bójka wybuchała na nowo.

François used the lash for Spitz, while Buck led the rebels.

François użył bata wobec Spitza, podczas gdy Buck poprowadził rebeliantów.

Each knew the other's role, but Buck avoided any blame.

Każdy z nich znał rolę drugiego, ale Buck unikał obarczania się winą.

François never caught Buck starting a fight or shirking his job.

François nigdy nie przyłapał Bucka na wszczynaniu bójek lub uchylaniu się od pracy.

Buck worked hard in harness — the toil now thrilled his spirit.

Buck ciężko pracował — teraz trud ten napełniał jego ducha radością.

But he found even more joy in stirring fights and chaos in camp.

Ale jeszcze większą radość odnajdywał w wywoływaniu bójek i sianiu chaosu w obozie.

At the Tahkeena's mouth one evening, Dub startled a rabbit.

Pewnego wieczoru, będąc u ujścia Tahkeeny, Dub wystraszył królika.

He missed the catch, and the snowshoe rabbit sprang away.

Nie udało mu się złapać królika, a ten odskoczył.

In seconds, the entire sled team gave chase with wild cries.

W ciągu kilku sekund cały zespół zaprzęgów rzucił się w pogoń, wydając dzikie okrzyki.

Nearby, a Northwest Police camp housed fifty husky dogs.

Niedaleko znajdował się obóz policji Northwest, w którym stacjonowało pięćdziesiąt psów rasy husky.

They joined the hunt, surging down the frozen river together.

Dołączyli do polowania, wspólnie spływając w dół zamarzniętej rzeki.

The rabbit turned off the river, fleeing up a frozen creek bed.

Królik uciekł z rzeki i pobiegł w górę zamarzniętego koryta potoku.

The rabbit skipped lightly over snow while the dogs struggled through.

Królik lekko przeskakiwał po śniegu, podczas gdy psy z trudem przedzierały się przez niego.

Buck led the massive pack of sixty dogs around each twisting bend.

Buck prowadził ogromną sforę składającą się z sześćdziesięciu psów po każdym zakręcie.

He pushed forward, low and eager, but could not gain ground.

Parł naprzód, nisko i chętnie, lecz nie mógł zyskać przewagi.

His body flashed under the pale moon with each powerful leap.

Jego ciało migotało w blasku bladego księżyca przy każdym potężnym skoku.

Ahead, the rabbit moved like a ghost, silent and too fast to catch.

Królik poruszał się przed nami jak duch, bezgłośnie i zbyt szybko, by go złapać.

All those old instincts—the hunger, the thrill—rushed through Buck.

Wszystkie te stare instynkty – głód i dreszczyk emocji – ogarnęły Bucka.

Humans feel this instinct at times, driven to hunt with gun and bullet.

Ludzie czasami odczuwają ten instynkt, zmuszając się do polowania z bronią i kulami.

But Buck felt this feeling on a deeper and more personal level.

Ale Buck odczuwał to uczucie na głębszym i bardziej osobistym poziomie.

They could not feel the wild in their blood the way Buck could feel it.

Nie czuli dzikości we krwi w taki sposób, w jaki czuł ją Buck.

He chased living meat, ready to kill with his teeth and taste blood.

Gonił za żywym mięsem, gotowy zabić zębami i poczuć smak krwi.

His body strained with joy, wanting to bathe in warm red life.

Jego ciało napinało się z radości, pragnąc wykąpać się w ciepłym, czerwonym życiu.

A strange joy marks the highest point life can ever reach.

Dziwna radość oznacza najwyższy punkt, jaki życie może osiągnąć.

The feeling of a peak where the living forget they are even alive.

Uczucie szczytu, w którym żywi zapominają, że w ogóle żyją.

This deep joy touches the artist lost in blazing inspiration.

Ta głęboka radość dotyka artystę, który gubi się w płonącym natchnieniu.

This joy seizes the soldier who fights wildly and spares no foe.

Ta radość ogarnia żołnierza, który walczy zaciekle i nie oszczędza żadnego wroga.

This joy now claimed Buck as he led the pack in primal hunger.

Ta radość ogarnęła teraz Bucka, który przewodził stadu w pierwotnym głodzie.

He howled with the ancient wolf-cry, thrilled by the living chase.

Wył starożytnym wilczym głosem, podekscytowany żywą pogonią.

Buck tapped into the oldest part of himself, lost in the wild.

Buck dotarł do najstarszej części swojej istoty, zagubionej na wolności.

He reached deep within, past memory, into raw, ancient time.

Sięgnął głęboko w głąb przeszłości, do przeszłości pamięci, do surowego, starożytnego czasu.

A wave of pure life surged through every muscle and tendon.

Fala czystego życia przepłynęła przez każdy mięsień i ścięgno.

Each leap shouted that he lived, that he moved through death.

Każdy jego skok dawał znać, że żyje, że przeszedł przez śmierć.

His body soared joyfully over still, cold land that never stirred.

Jego ciało radośnie szybowało nad nieruchomą, zimną ziemią, która się nie poruszała.

Spitz stayed cold and cunning, even in his wildest moments.

Spitz pozostał zimny i przebiegły nawet w najbardziej szalonych momentach.

He left the trail and crossed land where the creek curved wide.

Opuścił szlak i przeszedł przez ląd, w miejscu, gdzie strumień zakręcał szeroko.

Buck, unaware of this, stayed on the rabbit's winding path.

Buck, nieświadomy tego, pozostał na krętej ścieżce królika.

Then, as Buck rounded a bend, the ghost-like rabbit was before him.

Gdy Buck minął zakręt, zobaczył przed sobą ducha królika.

He saw a second figure leap from the bank ahead of the prey.

Zobaczył drugą postać wyskakującą z brzegu przed ofiarą.

The figure was Spitz, landing right in the path of the fleeing rabbit.

Ta postać to Spitz, który wylądował dokładnie na drodze uciekającego królika.

The rabbit could not turn and met Spitz's jaws in mid-air.

Królik nie mógł się odwrócić i w locie spotkał szczęki Spitz'a.

The rabbit's spine broke with a shriek as sharp as a dying human's cry.

Kręgosłup królika złamał się z krzykiem tak ostrym, jak krzyk umierającego człowieka.

At that sound—the fall from life to death—the pack howled loud.

Na ten dźwięk – upadek z życia na śmierć – stado zawyło głośno.

A savage chorus rose from behind Buck, full of dark delight.

Za Buckiem rozległ się dziki chóralny okrzyk, pełen mrocznej radości.

Buck gave no cry, no sound, and charged straight into Spitz.

Buck nie krzyknął, nie wydał żadnego dźwięku i rzucił się prosto na Spitza.

He aimed for the throat, but struck the shoulder instead.

Celował w gardło, ale trafił w ramię.

They tumbled through soft snow; their bodies locked in combat.

Przetaczali się przez miękki śnieg; ich ciała zwarte były w walce.

Spitz sprang up quickly, as if never knocked down at all.

Spitz podskoczył błyskawicznie, jakby w ogóle nie został powalony.

He slashed Buck's shoulder, then leaped clear of the fight.

Rozciął ramię Bucka, po czym odskoczył od walczącego.

Twice his teeth snapped like steel traps, lips curled and fierce.

Dwa razy jego zęby trzasnęły niczym stalowe pułapki, usta wykrzywiły się i zacięły.

He backed away slowly, seeking firm ground under his feet.

Powoli się wycofał, szukając pewnego gruntu pod nogami.

Buck understood the moment instantly and fully.

Buck natychmiast i w pełni zrozumiał moment.

The time had come; the fight was going to be a fight to the death.

Nadszedł czas. Walka miała być walką na śmierć i życie.

The two dogs circled, growling, ears flat, eyes narrowed.

Dwa psy krążyły, warcząc, z położonymi po sobie uszami i przymrużonymi oczami.

Each dog waited for the other to show weakness or misstep.

Każdy pies czekał, aż drugi okaże słabość lub popełni błąd.

To Buck, the scene felt eerily known and deeply remembered.

Dla Bucka scena ta wydała się dziwnie znajoma i głęboko zapamiętana.

The white woods, the cold earth, the battle under moonlight.

Białe lasy, zimna ziemia, bitwa w blasku księżyca.

A heavy silence filled the land, deep and unnatural.

Ciężka cisza wypełniła ziemię, głęboka i nienaturalna.

No wind stirred, no leaf moved, no sound broke the stillness.

Żaden wiatr nie poruszył się, żaden liść nie poruszył się, żaden dźwięk nie zakłócił ciszy.

The dogs' breaths rose like smoke in the frozen, quiet air.

Oddechy psów unosiły się niczym dym w mroźnym, cichym powietrzu.

The rabbit was long forgotten by the pack of wild beasts.

Stado dzikich zwierząt dawno zapomniało o króliku.

These half-tamed wolves now stood still in a wide circle.

Te na wpół oswojone wilki stały teraz nieruchomo w szerokim kręgu.

They were quiet, only their glowing eyes revealed their hunger.

Byli cicho, tylko ich świecące oczy zdradzały ich głód.

Their breath drifted upward, watching the final fight begin.

Ich oddech unosił się w górę, gdy obserwowali początek ostatecznej walki.

To Buck, this battle was old and expected, not strange at all.

Dla Bucka ta bitwa była czymś starym i oczekiwanym, wcale nie dziwnym.

It felt like a memory of something always meant to happen.

Miałem wrażenie, że to wspomnienie czegoś, co zawsze miało się wydarzyć.

Spitz was a trained fighting dog, honed by countless wild brawls.

Spitz był wyszkolonym psem bojowym, wyćwiczonym w niezliczonych dzikich bójkach.

From Spitzbergen to Canada, he had mastered many foes.

Od Spitsbergenu po Kanadę pokonał wielu wrogów.

He was filled with fury, but never gave control to rage.

Był pełen wściekłości, lecz nigdy nie potrafił nad nią zapanować.

His passion was sharp, but always tempered by hard instinct.

Jego namiętność była wielka, ale zawsze łagodzona twardym instynktem.

He never attacked until his own defense was in place.

Nigdy nie atakował, dopóki nie był gotowy do obrony.

Buck tried again and again to reach Spitz's vulnerable neck.

Buck wielokrotnie próbował dosięgnąć wrażliwej szyi Spitza.

But every strike was met by a slash from Spitz's sharp teeth.

Jednak każdy cios spotykał się z cięciem ostrych zębów Spitza.

Their fangs clashed, and both dogs bled from torn lips.

Ich kły zderzyły się, a oba psy krwawiły z rozciętych warg.

No matter how Buck lunged, he couldn't break the defense.

Bez względu na to, jak bardzo Buck się rzucił, nie był w stanie przełamać obrony.

He grew more furious, rushing in with wild bursts of power.

Wpadał w coraz większą wściekłość, rzucił się na niego z dzikimi wybuchami mocy.

Again and again, Buck struck for the white throat of Spitz.

Buck raz po raz atakował białe gardło Spitza.

Each time Spitz evaded and struck back with a slicing bite.

Za każdym razem Spitz unikał ciosów i odpowiadał tnącym ugryzieniem.

Then Buck shifted tactics, rushing as if for the throat again.

Wtedy Buck zmienił taktykę, znów rzucając się do gardła.

But he pulled back mid-attack, turning to strike from the side.

Jednak w połowie ataku cofnął się i wykonał ruch, by uderzyć z boku.

He threw his shoulder into Spitz, aiming to knock him down.

Uderzył Spitz'a ramieniem, chcąc go powalić.

Each time he tried, Spitz dodged and countered with a slash.

Za każdym razem gdy próbował, Spitz unikał ciosów i odpowiadał cięciem.

Buck's shoulder grew raw as Spitz leapt clear after every hit.

Ramię Bucka stawało się coraz bardziej obolałe, gdy Spitz wyskakiwał po każdym ciosie.

Spitz had not been touched, while Buck bled from many wounds.

Spitz nie został tknięty, natomiast Buck krwawił z wielu ran.

Buck's breath came fast and heavy, his body slick with blood.

Oddech Bucka stał się szybki i ciężki, jego ciało było śliskie od krwi.

The fight turned more brutal with each bite and charge.

Walka stawała się coraz brutalniejsza z każdym ugryzieniem i szarżą.

Around them, sixty silent dogs waited for the first to fall.

Wokół nich sześćdziesiąt milczących psów czekało, aż pierwszy padnie.

If one dog dropped, the pack were going to finish the fight.

Gdyby jeden pies odpadł, cała wataha zakończyłaby walkę.

Spitz saw Buck weakening, and began to press the attack.

Spitz zauważył, że Buck słabnie i zaczął kontynuować atak.

He kept Buck off balance, forcing him to fight for footing.

Zmusił Bucka do utraty równowagi, zmuszając go do walki o utrzymanie równowagi.

Once Buck stumbled and fell, and all the dogs rose up.

Pewnego razu Buck potknął się i upadł, a wszystkie psy natychmiast się podniosły.

But Buck righted himself mid-fall, and everyone sank back down.

Jednak Buck odzyskał równowagę w połowie upadku i wszyscy opadli z powrotem na ziemię.

Buck had something rare—imagination born from deep instinct.

Buck miał coś rzadkiego — wyobraźnię zrodzoną z głębokiego instynktu.

He fought by natural drive, but he also fought with cunning.

Walczył kierując się naturalnym popędem, ale potrafił też walczyć przebiegle.

He charged again as if repeating his shoulder attack trick.

Ponownie rzucił się do ataku, jakby powtarzając sztuczkę z atakiem ramieniem.

But at the last second, he dropped low and swept beneath Spitz.

Jednak w ostatniej chwili zanurkował nisko i przeleciał pod Spitzem.

His teeth locked on Spitz's front left leg with a snap.

Jego zęby zacisnęły się na przedniej lewej nodze Spitz'a z trzaskiem.

Spitz now stood unsteady, his weight on only three legs.

Spitz stał teraz niepewnie, opierając ciężar ciała jedynie na trzech nogach.

Buck struck again, tried three times to bring him down.

Buck zaatakował ponownie, trzykrotnie próbował go powalić.

On the fourth attempt he used the same move with success

Za czwartym razem zastosował ten sam ruch i odniósł sukces

This time Buck managed to bite the right leg of Spitz.

Tym razem Buckowi udało się ugryźć prawą nogę Spitz'a.

Spitz, though crippled and in agony, kept struggling to survive.

Spitz, mimo że był kaleki i cierpiał, nadal walczył o przetrwanie.

He saw the circle of huskies tighten, tongues out, eyes glowing.

Widział, jak krąg husky zacieśnia się, wysuwa języki i świeci oczami.

They waited to devour him, just as they had done to others.

Czekali tylko, żeby go pożreć, tak jak robili to z innymi.

This time, he stood in the center; defeated and doomed.

Tym razem stanął w centrum; pokonany i skazany na zagładę.

There was no option to escape for the white dog now.

Biały pies nie miał już możliwości ucieczki.

Buck showed no mercy, for mercy did not belong in the wild.

Buck nie okazywał litości, gdyż na wolności litość nie była czymś powszechnym.

Buck moved carefully, setting up for the final charge.

Buck poruszał się ostrożnie, przygotowując się do ostatecznego ataku.

The circle of huskies closed in; he felt their warm breaths.

Krąg husky'ego zamknął się; poczuł ich ciepły oddech.

They crouched low, prepared to spring when the moment came.

Przycupnęli nisko, gotowi do skoku, gdy nadejdzie odpowiedni moment.

Spitz quivered in the snow, snarling and shifting his stance.

Spitz zadrżał na śniegu, warcząc i zmieniając pozycję.

His eyes glared, lips curled, teeth flashing in desperate threat.

Jego oczy błyszczały, usta się wykrzywiały, a zęby błyskały w desperackim geście groźby.

He staggered, still trying to hold off the cold bite of death.

Zatoczył się, wciąż próbując odeprzeć zimne ukąszenie śmierci.

He had seen this before, but always from the winning side.

Widział to już wcześniej, ale zawsze z perspektywy zwycięskiej strony.

Now he was on the losing side; the defeated; the prey; death.

Teraz był po przegranej stronie; pokonany; zdobycz; śmierć.

Buck circled for the final blow, the ring of dogs pressed closer.

Buck krążył, czekając na ostateczny cios, a krąg psów zaciskał się coraz bardziej.

He could feel their hot breaths; ready for the kill.

Czuł ich gorące oddechy; gotowi do zabicia.

A stillness fell; all was in its place; time had stopped.

Zapadła cisza, wszystko było na swoim miejscu, czas się zatrzymał.

Even the cold air between them froze for one last moment.

Nawet zimne powietrze między nimi zamarzło na jedną, ostatnią chwilę.

Only Spitz moved, trying to hold off his bitter end.

Tylko Spitz się poruszył, próbując uniknąć gorzkiego końca.

The circle of dogs was closing in around him, as was his destiny.

Krąg psów zaciskał się wokół niego, tak jak zamykało się jego przeznaczenie.

He was desperate now, knowing what was about to happen.

Teraz był zdesperowany, wiedząc, co się wydarzy.

Buck sprang in, shoulder met shoulder one last time.

Buck skoczył do przodu i po raz ostatni zderzył się ramieniem.

The dogs surged forward, covering Spitz in the snowy dark.

Psy rzuciły się do przodu, osłaniając Spitz w śnieżnej ciemności.

Buck watched, standing tall; the victor in a savage world.

Buck obserwował, stojąc wysoko; zwycięzca w dzikim świecie.

The dominant primordial beast had made its kill, and it was good.

Dominująca pierwotna bestia dokonała swego zabójstwa i było to dobre.

He, Who Has Won to Mastership
Ten, który osiągnął mistrzostwo

"Eh? What did I say? I speak true when I say Buck is a devil."

„Eh? Co powiedziałem? Mówię prawdę, kiedy mówię, że Buck jest diabłem."

François said this the next morning after finding Spitz missing.

François powiedział to następnego ranka po odkryciu zaginięcia Spitza.

Buck stood there, covered with wounds from the vicious fight.

Buck stał tam, pokryty ranami odniesionymi w okrutnej walce.

François pulled Buck near the fire and pointed at the injuries.

François pociągnął Bucka w stronę ognia i wskazał na obrażenia.

"That Spitz fought like the Devik," said Perrault, eyeing the deep gashes.

„Ten Spitz walczył jak Devik" – powiedział Perrault, przyglądając się głębokim ranom.

"And that Buck fought like two devils," François replied at once.

„A ten Buck walczył jak dwa diabły" – odpowiedział natychmiast François.

"Now we will make good time; no more Spitz, no more trouble."

„Teraz będziemy mieć dobry czas; nie będzie już Spitzów, nie będzie kłopotów."

Perrault was packing the gear and loaded the sled with care.

Perrault spakował sprzęt i starannie załadował sanie.

François harnessed the dogs in preparation for the day's run.

François zaprzęgał psy, przygotowując je do biegu.

Buck trotted straight to the lead position once held by Spitz.

Buck pobiegł prosto na pozycję prowadzącą, którą wcześniej zajmował Spitz.

But François, not noticing, led Solleks forward to the front.

Ale François, nie zauważając tego, poprowadził Solleksa na przód.

In François's judgment, Solleks was now the best lead-dog.

Zdaniem François, Solleks był teraz najlepszym psem prowadzącym.

Buck sprang at Solleks in fury and drove him back in protest.

Buck rzucił się na Solleksa ze złości i na znak protestu odepchnął go.

He stood where Spitz once had stood, claiming the lead position.

Stał tam, gdzie kiedyś stał Spitz, i domagał się pozycji lidera.

"Eh? Eh?" cried François, slapping his thighs in amusement.

„Co? Co?" krzyknął François, uderzając się z rozbawieniem w uda.

"Look at Buck—he killed Spitz, now he wants to take the job!"

„Spójrz na Bucka – zabił Spitza, teraz chce wziąć na siebie tę robotę!"

"Go away, Chook!" he shouted, trying to drive Buck away.

„Odejdź, Chook!" – krzyknął, próbując odgonić Bucka.

But Buck refused to move and stood firm in the snow.

Jednak Buck nie chciał się ruszyć i stał twardo na śniegu.

François grabbed Buck by the scruff, dragging him aside.

François złapał Bucka za kark i odciągnął go na bok.

Buck growled low and threateningly but did not attack.

Buck warknął nisko i groźnie, ale nie zaatakował.

François put Solleks back in the lead, trying to settle the dispute

François ponownie dał Solleksowi prowadzenie, próbując rozstrzygnąć spór

The old dog showed fear of Buck and didn't want to stay.

Stary pies bał się Bucka i nie chciał zostać.

When François turned his back, Buck drove Solleks out again.

Kiedy François odwrócił się, Buck ponownie wyrzucił Solleksa.

Solleks did not resist and quietly stepped aside once more.

Solleks nie stawiał oporu i po raz kolejny cicho odsunął się na bok.

François grew angry and shouted, "By God, I fix you!"

François wpadł w złość i krzyknął: „Na Boga, już cię naprawiłem!"

He came toward Buck holding a heavy club in his hand.

Podszedł do Bucka trzymając w ręku ciężki kij.

Buck remembered the man in the red sweater well.

Buck dobrze pamiętał mężczyznę w czerwonym swetrze.

He retreated slowly, watching François, but growling deeply.

Wycofał się powoli, patrząc na François i warcząc głośno.

He did not rush back, even when Solleks stood in his place.

Nie spieszył się z powrotem, nawet gdy Solleks stanął na jego miejscu.

Buck circled just beyond reach, snarling in fury and protest.

Buck krążył tuż poza zasięgiem, warcząc z wściekłości i protestu.

He kept his eyes on the club, ready to dodge if François threw.

Nie spuszczał wzroku z kija, gotowy uchylić się od niego, gdyby François rzucił.

He had grown wise and wary in the ways of men with weapons.

Stał się mądry i ostrożny w postępowaniu ludzi z bronią.

François gave up and called Buck to his former place again.

François się poddał i ponownie zaprosił Bucka do jego dawnego miejsca.

But Buck stepped back cautiously, refusing to obey the order.

Jednak Buck ostrożnie się cofnął i odmówił wykonania rozkazu.

François followed, but Buck only retreated a few steps more.
François poszedł za nim, ale Buck cofnął się tylko o kilka kroków.
After some time, François threw the weapon down in frustration.
Po chwili François ze złości rzucił broń.
He thought Buck feared a beating and was going to come quietly.
Myślał, że Buck boi się bicia i przyjdzie cicho.
But Buck wasn't avoiding punishment — he was fighting for rank.
Ale Buck nie unikał kary – walczył o rangę.
He had earned the lead-dog spot through a fight to the death
Zdobył pozycję psa prowadzącego dzięki walce na śmierć i życie
he was not going to settle for anything less than being the leader.
nie zamierzał zadowolić się niczym innym niż rolą przywódcy.

Perrault took a hand in the chase to help catch the rebellious Buck.
Perrault wziął udział w pościgu, aby pomóc złapać zbuntowanego Bucka.
Together, they ran him around the camp for nearly an hour.
Razem oprowadzali go po obozie przez prawie godzinę.
They hurled clubs at him, but Buck dodged each one skillfully.
Rzucali w niego pałkami, ale Buck zręcznie unikał ciosów.
They cursed him, his ancestors, his descendants, and every hair on him.
Przeklinali jego, jego przodków, jego potomków i każdy jego włos.
But Buck only snarled back and stayed just out of their reach.
Ale Buck tylko warknął w odpowiedzi i pozostał poza ich zasięgiem.

He never tried to run away but circled the camp deliberately.

Nigdy nie próbował uciekać, ale celowo krążył wokół obozu.

He made it clear he was going to obey once they gave him what he wanted.

Dał jasno do zrozumienia, że posłucha, gdy tylko dadzą mu to, czego chce.

François finally sat down and scratched his head in frustration.

François w końcu usiadł i z frustracją podrapał się po głowie.

Perrault checked his watch, swore, and muttered about lost time.

Perrault spojrzał na zegarek, zaklął i mruknął coś o utraconym czasie.

An hour had already passed when they should have been on the trail.

Minęła już godzina, a powinni już być na szlaku.

François shrugged sheepishly at the courier, who sighed in defeat.

François zawstydzony wzruszył ramionami i spojrzał na kuriera, który westchnął z rezygnacją.

Then François walked to Solleks and called out to Buck once more.

Następnie François podszedł do Solleksa i ponownie zawołał Bucka.

Buck laughed like a dog laughs, but kept his cautious distance.

Buck śmiał się jak pies, lecz zachował ostrożny dystans.

François removed Solleks's harness and returned him to his spot.

François zdjął uprząż Solleksowi i odprowadził go na jego miejsce.

The sled team stood fully harnessed, with only one spot unfilled.

Zespół saneczkowy był w pełni wyposażony, a tylko jedno miejsce było wolne.

The lead position remained empty, clearly meant for Buck alone.

Pozycja lidera pozostała pusta, najwyraźniej przeznaczona tylko dla Bucka.

François called again, and again Buck laughed and held his ground.

François zawołał ponownie i Buck znów się roześmiał i pozostał na swoim miejscu.

"Throw down the club," Perrault ordered without hesitation.

„Rzuć maczugę" – rozkazał Perrault bez wahania.

François obeyed, and Buck immediately trotted forward proudly.

François posłuchał, a Buck natychmiast dumnie ruszył naprzód.

He laughed triumphantly and stepped into the lead position.

Roześmiał się triumfalnie i wysunął się na prowadzenie.

François secured his traces, and the sled was broken loose.

François zabezpieczył swoje liny i sanie uwolniły się.

Both men ran alongside as the team raced onto the river trail.

Obaj mężczyźni biegli obok drużyny wbiegającej na szlak wzdłuż rzeki.

François had thought highly of Buck's "two devils,"

François miał wysokie mniemanie o „dwóch diabłach" Bucka,

but he soon realized he had actually underestimated the dog.

ale wkrótce zdał sobie sprawę, że tak naprawdę niedocenił psa.

Buck quickly assumed leadership and performed with excellence.

Buck szybko objął przywództwo i wykazał się doskonałością.

In judgment, quick thinking, and fast action, Buck surpassed Spitz.

Jeśli chodzi o ocenę sytuacji, szybkie myślenie i szybkie działanie, Buck przewyższył Spitza.

François had never seen a dog equal to what Buck now displayed.

François nigdy nie widział psa o wyglądzie podobnym do tego, jaki prezentował teraz Buck.

But Buck truly excelled in enforcing order and commanding respect.

Ale Buck naprawdę potrafił zaprowadzać porządek i budzić szacunek.

Dave and Solleks accepted the change without concern or protest.

Dave i Solleks zaakceptowali zmianę bez obaw czy protestów.

They focused only on work and pulling hard in the reins.

Skupiali się tylko na pracy i mocnym pociąganiu za lejce.

They cared little who led, so long as the sled kept moving.

Nie miało dla nich znaczenia, kto prowadzi, dopóki sanie poruszały się.

Billee, the cheerful one, could have led for all they cared.

Billee, ta pogodna, mogłaby przewodzić, jeśli o to im chodziło.

What mattered to them was peace and order in the ranks.

Dla nich liczył się spokój i porządek w szeregach.

The rest of the team had grown unruly during Spitz's decline.

Reszta zespołu stała się niepokorna, gdy Spitz podupadł na zdrowiu.

They were shocked when Buck immediately brought them to order.

Byli zszokowani, gdy Buck natychmiast przywrócił im porządek.

Pike had always been lazy and dragging his feet behind Buck.

Pike zawsze był leniwy i ociągał się z Buckiem.

But now was sharply disciplined by the new leadership.

Ale teraz nowe kierownictwo zastosowało wobec niego surową dyscyplinę.

And he quickly learned to pull his weight in the team.

Szybko nauczył się być ważnym graczem w drużynie.

By the end of the day, Pike worked harder than ever before.

Pod koniec dnia Pike pracował ciężej niż kiedykolwiek wcześniej.

That night in camp, Joe, the sour dog, was finally subdued.

Tej nocy w obozie Joe, ponury pies, został w końcu uspokojony.

Spitz had failed to discipline him, but Buck did not fail.
Spitz nie zdołał go zdyscyplinować, ale Buck nie zawiódł.
Using his greater weight, Buck overwhelmed Joe in seconds.
Wykorzystując swoją większą wagę, Buck w ciągu kilku
sekund przytłoczył Joego.
**He bit and battered Joe until he whimpered and ceased
resisting.**
Gryzł i bił Joego, aż ten zaskomlał i przestał się opierać.
The whole team improved from that moment on.
Od tego momentu cały zespół zrobił krok naprzód.
The dogs regained their old unity and discipline.
Psy odzyskały dawną jedność i dyscyplinę.
**At Rink Rapids, two new native huskies, Teek and Koona,
joined.**
W Rink Rapids dołączyły do nich dwa nowe rodzime husky –
Teek i Koona.
Buck's swift training of them astonished even François.
Szybkie wyszkolenie Bucka w tej dziedzinie zaskoczyło nawet
François.
**"Never was there such a dog as that Buck!" he cried in
amazement.**
„Nigdy nie było takiego psa jak ten Buck!" – krzyknął ze
zdumieniem.
"No, never! He's worth one thousand dollars, by God!"
„Nie, nigdy! On jest wart tysiąc dolarów, na Boga!"
"Eh? What do you say, Perrault?" he asked with pride.
„Eh? Co ty na to, Perrault?" zapytał z dumą.
Perrault nodded in agreement and checked his notes.
Perrault skinął głową na znak zgody i zajrzał do notatek.
We're already ahead of schedule and gaining more each day.
Już jesteśmy przed harmonogramem i każdego dnia
zyskujemy więcej.
The trail was hard-packed and smooth, with no fresh snow.
Szlak był ubity i gładki, bez świeżego śniegu.
**The cold was steady, hovering at fifty below zero
throughout.**

Panował stały chłód, temperatura wynosiła pięćdziesiąt stopni poniżej zera.

The men rode and ran in turns to keep warm and make time.

Mężczyźni na zmianę jechali i biegali, aby się ogrzać i zyskać na czasie.

The dogs ran fast with few stops, always pushing forward.

Psy biegły szybko, zatrzymując się rzadko i cały czas parły do przodu.

The Thirty Mile River was mostly frozen and easy to travel across.

Rzeka Thirty Mile była w większości zamarznięta i można było łatwo przepłynąć.

They went out in one day what had taken ten days coming in.

Wyszli w ciągu jednego dnia, podczas gdy dotarcie tam zajęło im dziesięć dni.

They made a sixty-mile dash from Lake Le Barge to White Horse.

Przebiegli sześćdziesiąt mil z jeziora Le Barge do White Horse.

Across Marsh, Tagish, and Bennett Lakes they moved incredibly fast.

Przez jeziora Marsh, Tagish i Bennett poruszali się niewiarygodnie szybko.

The running man towed behind the sled on a rope.

Biegnącego mężczyznę ciągnięto za saniami na linie.

On the last night of week two they got to their destination.

Ostatniej nocy drugiego tygodnia dotarli do celu.

They had reached the top of White Pass together.

Razem dotarli na szczyt Białej Przełęczy.

They dropped down to sea level with Skaguay's lights below them.

Zniżyli się do poziomu morza, mając pod sobą światła Skaguay.

It had been a record-setting run across miles of cold wilderness.

To był rekordowy bieg przez wiele kilometrów zimnego pustkowia.

For fourteen days straight, they averaged a strong forty miles.
Przez czternaście dni z rzędu pokonywali średnio czterdzieści mil.

In Skaguay, Perrault and François moved cargo through town.
W Skaguay Perrault i François przewozili ładunki przez miasto.

They were cheered and offered many drinks by admiring crowds.
Zachwycone tłumy entuzjastycznie ich witały i częstowały drinkami.

Dog-busters and workers gathered around the famous dog team.
Pogromcy psów i pracownicy zebrali się wokół słynnego psiego zaprzęgu.

Then western outlaws came to town and met violent defeat.
Potem do miasta przybyli bandyci z Dzikiego Zachodu i ponieśli sromotną klęskę.

The people soon forgot the team and focused on new drama.
Ludzie szybko zapomnieli o drużynie i skupili się na nowym dramacie.

Then came the new orders that changed everything at once.
Potem nadeszły nowe rozkazy, które od razu wszystko zmieniły.

François called Buck to him and hugged him with tearful pride.
François zawołał Bucka do siebie i uściskał go ze łzami w oczach, z dumą.

That moment was the last time Buck ever saw François again.
To był ostatni raz, kiedy Buck widział François.

Like many men before, both François and Perrault were gone.
Podobnie jak wielu mężczyzn przed nimi, François i Perrault odeszli.

A Scotch half-breed took charge of Buck and his sled dog teammates.

Dowódcą Bucka i jego psów zaprzęgowych został szkocki mieszaniec.

With a dozen other dog teams, they returned along the trail to Dawson.

Wraz z kilkunastoma innymi psimi zaprzęgami wrócili szlakiem do Dawson.

It was no fast run now — just heavy toil with a heavy load each day.

Teraz nie był to już szybki bieg, lecz ciężka praca z ciężkim ładunkiem każdego dnia.

This was the mail train, bringing word to gold hunters near the Pole.

Był to pociąg pocztowy, który przywoził wieści poszukiwaczom złota w pobliżu bieguna.

Buck disliked the work but bore it well, taking pride in his effort.

Buckowi nie podobała się ta praca, ale dobrze ją znosił, będąc dumnym ze swojego wysiłku.

Like Dave and Solleks, Buck showed devotion to every daily task.

Podobnie jak Dave i Solleks, Buck wykazywał się oddaniem każdemu codziennemu zadaniu.

He made sure his teammates each pulled their fair weight.

Upewniał się, że każdy z jego kolegów z drużyny wkłada w swoją pracę wystarczająco dużo wysiłku.

Trail life became dull, repeated with the precision of a machine.

Życie na szlaku stało się nudne, powtarzane z precyzją maszyny.

Each day felt the same, one morning blending into the next.

Każdy dzień był taki sam, jeden poranek przechodził w kolejny.

At the same hour, the cooks rose to build fires and prepare food.

O tej samej porze kucharze wstali, aby rozpalić ogniska i przygotować jedzenie.

After breakfast, some left camp while others harnessed the dogs.

Po śniadaniu część opuściła obóz, a inni zaprzęgli psy.

They hit the trail before the dim warning of dawn touched the sky.

Wyruszyli na szlak zanim jeszcze na niebie pojawił się słaby blask świtu.

At night, they stopped to make camp, each man with a set duty.

Na noc zatrzymali się, aby rozbić obóz, każdy mając przydzielone obowiązki.

Some pitched the tents, others cut firewood and gathered pine boughs.

Niektórzy rozbijali namioty, inni ścinali drewno na opał i zbierali gałęzie sosnowe.

Water or ice was carried back to the cooks for the evening meal.

Wodę lub lód zanoszono kucharzom na wieczorny posiłek.

The dogs were fed, and this was the best part of the day for them.

Psy zostały nakarmione i była to dla nich najlepsza część dnia.

After eating fish, the dogs relaxed and lounged near the fire.

Po zjedzeniu ryby psy odpoczywały i wylegiwały się przy ognisku.

There were a hundred other dogs in the convoy to mingle with.

W konwoju znajdowało się jeszcze sto innych psów, z którymi można było się pobawić.

Many of those dogs were fierce and quick to fight without warning.

Wiele z tych psów było agresywnych i rzucało się do walki bez ostrzeżenia.

But after three wins, Buck mastered even the fiercest fighters.

Ale po trzech zwycięstwach Buck pokonał nawet najzacieklejszych wojowników.

Now when Buck growled and showed his teeth, they stepped aside.

Kiedy Buck warknął i pokazał zęby, odsunęli się na bok.

Perhaps best of all, Buck loved lying near the flickering campfire.

A może Buck najbardziej lubił leżeć przy migoczącym ognisku.

He crouched with hind legs tucked and front legs stretched ahead.

Przykucnął, podkulając tylne nogi i wyciągając przednie do przodu.

His head was raised as he blinked softly at the glowing flames.

Podniósł głowę i lekko mrugnął, patrząc na jaskrawe płomienie.

Sometimes he recalled Judge Miller's big house in Santa Clara.

Czasem przypominał sobie wielki dom sędziego Millera w Santa Clara.

He thought of the cement pool, of Ysabel, and the pug called Toots.

Pomyślał o cementowym basenie, o Ysabel i mopsie o imieniu Toots.

But more often he remembered the man with the red sweater's club.

Ale częściej przypominał sobie o pałce mężczyzny w czerwonym swetrze.

He remembered Curly's death and his fierce battle with Spitz.

Pamiętał śmierć Curly'ego i jego zaciętą walkę ze Spitzem.

He also recalled the good food he had eaten or still dreamed of.

Przypomniał sobie także dobre jedzenie, które jadł i o którym wciąż śnił.

Buck was not homesick—the warm valley was distant and unreal.

Buck nie tęsknił za domem – ciepła dolina wydawała mu się odległa i nierealna.

Memories of California no longer held any real pull over him.

Wspomnienia z Kalifornii nie miały już na niego żadnego wpływu.

Stronger than memory were instincts deep in his bloodline.

Silniejsze od pamięci były instynkty, zakorzenione głęboko w jego krwi.

Habits once lost had returned, revived by the trail and the wild.

Utracone kiedyś nawyki powróciły, przywrócone do życia przez szlak i dzicz.

As Buck watched the firelight, it sometimes became something else.

Kiedy Buck patrzył na blask ognia, czasami stawał się on czymś innym.

He saw in the firelight another fire, older and deeper than the present one.

W blasku ognia dostrzegł inny ogień, starszy i głębszy od obecnego.

Beside that other fire crouched a man unlike the half-breed cook.

Obok drugiego ogniska kucał mężczyzna, który nie przypominał kucharza-mieszańca.

This figure had short legs, long arms, and hard, knotted muscles.

Ta postać miała krótkie nogi, długie ramiona i twarde, węzłowate mięśnie.

His hair was long and matted, sloping backward from the eyes.

Jego włosy były długie i skołtunione, opadające do tyłu od oczu.

He made strange sounds and stared out in fear at the darkness.

Wydawał dziwne dźwięki i ze strachem patrzył w ciemność.

He held a stone club low, gripped tightly in his long rough hand.

Trzymał nisko kamienną maczugę, mocno ściskając ją w długiej, szorstkiej dłoni.

The man wore little; just a charred skin that hung down his back.

Mężczyzna miał na sobie niewiele; jedynie zwęgloną skórę zwisającą mu na plecach.

His body was covered with thick hair across arms, chest, and thighs.

Jego ciało pokrywała gęsta sierść na ramionach, klatce piersiowej i udach.

Some parts of the hair were tangled into patches of rough fur.

Niektóre części sierści były splątane i tworzyły kępki szorstkiego futra.

He did not stand straight but bent forward from the hips to knees.

Nie stał prosto, lecz pochylił się do przodu od bioder do kolan.

His steps were springy and catlike, as if always ready to leap.

Jego kroki były sprężyste i kocie, jakby zawsze był gotowy do skoku.

There was a sharp alertness, like he lived in constant fear.

Odczuwał ogromną czujność, jakby żył w ciągłym strachu.

This ancient man seemed to expect danger, whether the danger was seen or not.

Wydawało się, że ten starożytny człowiek spodziewał się niebezpieczeństwa, niezależnie od tego, czy zagrożenie było widoczne, czy nie.

At times the hairy man slept by the fire, head tucked between legs.

Czasami kudłaty mężczyzna spał przy ogniu, z głową schowaną między nogami.

His elbows rested on his knees, hands clasped above his head.

Jego łokcie spoczywały na kolanach, a ręce złożone były nad głową.

Like a dog he used his hairy arms to shed off the falling rain.

Podobnie jak pies, używał swych owłosionych ramion, by chronić się przed padającym deszczem.

Beyond the firelight, Buck saw twin coals glowing in the dark.

Poza blaskiem ognia Buck dostrzegł dwa żarzące się w ciemności węgle.

Always two by two, they were the eyes of stalking beasts of prey.

Zawsze po dwie, były to oczy polujących drapieżników.

He heard bodies crash through brush and sounds made in the night.

Słyszał, jak ciała przebijają się przez zarośla i jakie dźwięki dochodzą z nocy.

Lying on the Yukon bank, blinking, Buck dreamed by the fire.

Leżąc na brzegu Jukonu, mrugając oczami, Buck śnił przy ogniu.

The sights and sounds of that wild world made his hair stand up.

Widoki i odgłosy tego dzikiego świata sprawiły, że włosy stanęły mu dęba.

The fur rose along his back, his shoulders, and up his neck.

Futro jeżyło mu się na grzbiecie, ramionach i szyi.

He whimpered softly or gave a low growl deep in his chest.

Cicho zaskomlał lub wydał z siebie niski pomruk z głębi piersi.

Then the half-breed cook shouted, "Hey, you Buck, wake up!"

Wtedy kucharz-mieszaniec krzyknął: „Hej, ty Buck, obudź się!"

The dream world vanished, and real life returned to Buck's eyes.

Świat marzeń rozwiał się, a w oczach Bucka znów pojawiła się rzeczywistość.

He was going to get up, stretch, and yawn, as if woken from a nap.

Miał zamiar wstać, przeciągnąć się i ziewnąć, tak jakby obudził się po drzemce.

The trip was hard, with the mail sled dragging behind them.

Podróż była ciężka, bo za nimi ciągnęły się sanie pocztowe.

Heavy loads and tough work wore down the dogs each long day.

Ciężkie ładunki i ciężka praca wykańczały psy każdego długiego dnia.

They reached Dawson thin, tired, and needing over a week's rest.

Dotarli do Dawson wychudzeni, zmęczeni i potrzebujący ponad tygodniowego odpoczynku.

But only two days later, they set out down the Yukon again.

Ale już dwa dni później wyruszyli ponownie w dół Jukonu.

They were loaded with more letters bound for the outside world.

Były załadowane większą ilością listów przeznaczonych na zewnątrz.

The dogs were exhausted and the men were complaining constantly.

Psy były wyczerpane, a mężczyźni ciągle narzekali.

Snow fell every day, softening the trail and slowing the sleds.

Śnieg padał każdego dnia, zmiękczając szlak i spowalniając sanki.

This made for harder pulling and more drag on the runners.

To powodowało, że ciągnięcie było trudniejsze, a biegacze stawiali większy opór.

Despite that, the drivers were fair and cared for their teams.

Mimo to kierowcy byli uczciwi i dbali o swoje zespoły.

Each night, the dogs were fed before the men got to eat.

Każdej nocy psy były karmione zanim mężczyźni zabrali się do jedzenia.

No man slept before checking the feet of his own dog's.

Żaden człowiek nie zasnął, nie sprawdziwszy nóg swojego psa.

Still, the dogs grew weaker as the miles wore on their bodies.

Jednak psy były coraz słabsze, im więcej przemierzały kilometrów.

They had traveled eighteen hundred miles through the winter.

Przebyli tysiąc osiemset mil w ciągu zimy.

They pulled sleds across every mile of that brutal distance.

Przemierzali każdy kilometr tego brutalnego dystansu na saniach.

Even the toughest sled dogs feel strain after so many miles.

Nawet najwytrzymalsze psy zaprzęgowe odczuwają zmęczenie po przebyciu tylu kilometrów.

Buck held on, kept his team working, and maintained discipline.

Buck wytrwał, dbał o to, by jego zespół pracował i zachowywał dyscyplinę.

But Buck was tired, just like the others on the long journey.

Ale Buck był zmęczony, tak jak pozostali uczestnicy długiej podróży.

Billee whimpered and cried in his sleep each night without fail.

Billee każdej nocy bez wyjątku płakał i kwękał przez sen.

Joe grew even more bitter, and Solleks stayed cold and distant.

Joe stawał się coraz bardziej zgorzkniały, a Solleks pozostał chłodny i dystansujący się.

But it was Dave who suffered the worst out of the entire team.

Jednak to Dave cierpiał najbardziej z całego zespołu.

Something had gone wrong inside him, though no one knew what.

Coś w jego wnętrzu poszło nie tak, chociaż nikt nie wiedział co.

He became moodier and snapped at others with growing anger.

Stał się bardziej ponury i krzyczał na innych z rosnącym gniewem.

Each night he went straight to his nest, waiting to be fed.

Każdej nocy szedł prosto do swojego gniazda, czekając na jedzenie.

Once he was down, Dave did not get up again till morning.

Gdy już znalazł się na dole, Dave nie wstał aż do rana.

On the reins, sudden jerks or starts made him cry out in pain.

Gdy był na wodzach, nagłe szarpnięcia lub ruszenia wywoływały u niego krzyk bólu.

His driver searched for the cause, but found no injury on him.

Jego kierowca szukał przyczyny, ale nie znalazł u niego żadnych obrażeń.

All the drivers began watching Dave and discussed his case.

Wszyscy kierowcy zaczęli obserwować Dave'a i omawiać jego przypadek.

They talked at meals and during their final smoke of the day.

Rozmawiali przy posiłkach i przy ostatnim papierosie tego dnia.

One night they held a meeting and brought Dave to the fire.

Pewnej nocy zorganizowali zebranie i przyprowadzili Dave'a do ogniska.

They pressed and probed his body, and he cried out often.

Naciskali i badali jego ciało, a on często krzyczał.

Clearly, something was wrong, though no bones seemed broken.

Było jasne, że coś jest nie tak, chociaż żadna kość nie wyglądała na złamaną.

By the time they reached Cassiar Bar, Dave was falling down.

Gdy dotarli do Cassiar Bar, Dave był już w rozsypce.

The Scotch half-breed called a halt and removed Dave from the team.

Szkocki mieszaniec przerwał działania i usunął Dave'a z drużyny.

He fastened Solleks in Dave's place, closest to the sled's front.

Zapiął Solleksa na miejscu Dave'a, najbliżej przodu sań.

He meant to let Dave rest and run free behind the moving sled.

Zamierzał pozwolić Dave'owi odpocząć i pobiegać swobodnie za jadącymi saniami.

But even sick, Dave hated being taken from the job he had owned.

Ale nawet będąc chorym, Dave nie znosił, gdy odebrano mu pracę, którą kiedyś zajmował.

He growled and whimpered as the reins were pulled from his body.

Warczał i skomlał, gdy szarpano go za lejce.

When he saw Solleks in his place, he cried with broken-hearted pain.

Gdy zobaczył Solleksa na swoim miejscu, rozpłakał się z bólu i rozpaczy.

The pride of trail work was deep in Dave, even as death approached.

Dave czuł głęboką dumę z pracy na szlaku, nawet gdy zbliżała się śmierć.

As the sled moved, Dave floundered through soft snow near the trail.

Gdy sanki się poruszały, Dave brnął przez miękki śnieg w pobliżu szlaku.

He attacked Solleks, biting and pushing him from the sled's side.

Zaatakował Solleksa, gryząc go i popychając od strony sań.

Dave tried to leap into the harness and reclaim his working spot.

Dave próbował wskoczyć w uprząż i odzyskać swoje miejsce pracy.

He yelped, whined, and cried, torn between pain and pride in labor.

Krzyczał, jęczał i płakał, rozdarty między bólem a dumą z porodu.

The half-breed used his whip to try driving Dave away from the team.

Mieszaniec próbował za pomocą bata odgonić Dave'a od drużyny.

But Dave ignored the lash, and the man couldn't strike him harder.

Ale Dave zignorował cios, a mężczyzna nie mógł uderzyć go mocniej.

Dave refused the easier path behind the sled, where snow was packed.

Dave odmówił łatwiejszej drogi za saniami, gdzie śnieg był ubity.

Instead, he struggled in the deep snow beside the trail, in misery.

Zamiast tego, zmagał się z głębokim śniegiem przy szlaku, pogrążony w rozpaczy.

Eventually, Dave collapsed, lying in the snow and howling in pain.

W końcu Dave upadł, leżał na śniegu i wył z bólu.

He cried out as the long train of sleds passed him one by one.

Krzyknął, gdy długi sznur sań przejeżdżał obok niego jeden po drugim.

Still, with what strength remained, he rose and stumbled after them.

Jednak ostatkiem sił podniósł się i powlókł za nimi.

He caught up when the train stopped again and found his old sled.

Dogonił go, gdy pociąg znów się zatrzymał i odnalazł swoje stare sanki.

He floundered past the other teams and stood beside Solleks again.

Prześlizgnął się obok pozostałych drużyn i ponownie stanął obok Solleksa.

As the driver paused to light his pipe, Dave took his last chance.

Kiedy kierowca zatrzymał się, by zapalić fajkę, Dave wykorzystał ostatnią szansę.

When the driver returned and shouted, the team didn't move forward.

Gdy kierowca wrócił i krzyknął, drużyna nie ruszyła dalej.

The dogs had turned their heads, confused by the sudden stoppage.

Psy odwróciły głowy, zdezorientowane nagłą przerwą.

The driver was shocked too—the sled hadn't moved an inch forward.

Kierowca również był zszokowany — sanie nie przesunęły się ani o cal do przodu.

He called out to the others to come and see what had happened.

Zawołał do pozostałych, żeby przyszli i zobaczyli, co się stało.

Dave had chewed through Solleks's reins, breaking both apart.

Dave przegryzł lejce Solleksa, rozrywając je na kawałki.

Now he stood in front of the sled, back in his rightful position.

Teraz stanął przed saniami, wracając na swoją właściwą pozycję.

Dave looked up at the driver, silently pleading to stay in the traces.

Dave spojrzał na kierowcę, błagając go w duchu, aby ten nie schodził z trasy.

The driver was puzzled, unsure of what to do for the struggling dog.

Kierowca był zdezorientowany i nie wiedział, co zrobić z walczącym psem.

The other men spoke of dogs who had died from being taken out.

Pozostali mężczyźni opowiadali o psach, które zdechły podczas wyprowadzania.

They told of old or injured dogs whose hearts broke when left behind.

Opowiadali o starych i rannych psach, których serca pękały, gdy je zostawiano.

They agreed it was mercy to let Dave die while still in his harness.

Zgodzili się, że pozwolenie Dave'owi umrzeć, gdy był jeszcze w uprzęży, było aktem miłosierdzia.

He was fastened back onto the sled, and Dave pulled with pride.

Przypięto go z powrotem do sań, a Dave ciągnął z dumą.

Though he cried out at times, he worked as if pain could be ignored.

Choć czasami krzyczał, zachowywał się tak, jakby ból można było ignorować.

More than once he fell and was dragged before rising again.

Nie raz upadał i był ciągnięty, zanim zdołał się podnieść.

Once, the sled rolled over him, and he limped from that moment on.

W pewnym momencie sanki przewróciły się na niego i od tego momentu utykał.

Still, he worked until camp was reached, and then lay by the fire.

Mimo to pracował aż dotarli do obozu, a potem położył się przy ognisku.

By morning, Dave was too weak to travel or even stand upright.

Rano Dave był zbyt słaby, aby podróżować, a nawet stać prosto.

At harness-up time, he tried to reach his driver with trembling effort.

Podczas zaprzęgu próbował dotrzeć do kierowcy, drżąc z wysiłku.

He forced himself up, staggered, and collapsed onto the snowy ground.

Zmusił się do podniesienia, zatoczył się i padł na zaśnieżoną ziemię.

Using his front legs, he dragged his body toward the harnessing area.

Używając przednich nóg, pociągnął ciało w kierunku miejsca założenia uprzęży.

He hitched himself forward, inch by inch, toward the working dogs.

Zbliżał się, cal po calu, do pracujących psów.

His strength gave out, but he kept moving in his last desperate push.

Siły go opuściły, lecz kontynuował swój ostatni desperacki atak.

His teammates saw him gasping in the snow, still longing to join them.

Jego koledzy z drużyny widzieli, jak dyszy na śniegu, wciąż pragnąc do nich dołączyć.

They heard him howling with sorrow as they left the camp behind.

Słyszeli, jak wył z żalu, gdy opuszczali obóz.

As the team vanished into trees, Dave's cry echoed behind them.

Gdy drużyna zniknęła między drzewami, za nimi rozległ się krzyk Dave'a.

The sled train halted briefly after crossing a stretch of river timber.

Pociąg saneczkowy zatrzymał się na krótko po przejechaniu przez odcinek lasu nadrzecznego.

The Scotch half-breed walked slowly back toward the camp behind.

Szkocki półkrwi powoli ruszył z powrotem w stronę obozu.

The men stopped speaking when they saw him leave the sled train.

Mężczyźni przestali rozmawiać, gdy zobaczyli, że wysiada z pociągu.

Then a single gunshot rang out clear and sharp across the trail.

Wtedy pojedynczy strzał rozległ się wyraźnie i ostro na szlaku.

The man returned quickly and took up his place without a word.

Mężczyzna wrócił szybko i zajął swoje miejsce, nie mówiąc ani słowa.

Whips cracked, bells jingled, and the sleds rolled on through snow.

Strzelały baty, dzwoniły dzwonki, a sanki toczyły się po śniegu.

But Buck knew what had happened—and so did every other dog.

Ale Buck wiedział, co się stało, tak samo jak każdy inny pies.

The Toil of Reins and Trail
Męka cugli i szlaku

Thirty days after leaving Dawson, the Salt Water Mail reached Skaguay.

Trzydzieści dni po opuszczeniu Dawson, statek Salt Water Mail dotarł do Skaguay.

Buck and his teammates pulled the lead, arriving in pitiful condition.

Buck i jego koledzy z drużyny wyszli na prowadzenie, docierając na metę w opłakanym stanie.

Buck had dropped from one hundred forty to one hundred fifteen pounds.

Buck schudł ze stu czterdziestu do stu piętnastu funtów.

The other dogs, though smaller, had lost even more body weight.

Pozostałe psy, mimo że mniejsze, straciły jeszcze więcej na wadze.

Pike, once a fake limper, now dragged a truly injured leg behind him.

Pike, który kiedyś udawał utykanie, teraz ciągnął za sobą poważnie kontuzjowaną nogę.

Solleks was limping badly, and Dub had a wrenched shoulder blade.

Solleks mocno utykał, a Dub miał złamaną łopatkę.

Every dog in the team was footsore from weeks on the frozen trail.

Każdy pies w zespole miał obolałe nogi od tygodni spędzonych na zamarzniętym szlaku.

They had no spring left in their steps, only slow, dragging motion.

Ich kroki nie były już sprężyste, poruszali się jedynie powoli i powłócząc nogami.

Their feet hit the trail hard, each step adding more strain to their bodies.

Ich stopy mocno uderzają o szlak, każdy krok powoduje większe obciążenie ciała.

They were not sick, only drained beyond all natural recovery.

Nie byli chorzy, tylko wyczerpani do tego stopnia, że nie mogli już normalnie wyzdrowieć.

This was not tiredness from one hard day, cured with a night's rest.

Nie było to zmęczenie po ciężkim dniu, które można wyleczyć nocnym odpoczynkiem.

It was exhaustion built slowly through months of grueling effort.

To było wyczerpanie, narastające powoli, przez miesiące wyczerpującego wysiłku.

No reserve strength remained—they had used up every bit they had.

Nie mieli już żadnych rezerwowych sił – wykorzystali wszystkie, jakie mieli.

Every muscle, fiber, and cell in their bodies was spent and worn.

Każdy mięsień, włókno i komórka w ich ciałach były zużyte i wyeksploatowane.

And there was a reason—they had covered twenty-five hundred miles.

I był ku temu powód — przejechali łącznie dwadzieścia pięćset mil.

They had rested only five days during the last eighteen hundred miles.

W ciągu ostatnich tysiąca ośmiuset mil odpoczywali tylko pięć dni.

When they reached Skaguay, they looked barely able to stand upright.

Gdy dotarli do Skaguay, wyglądało na to, że ledwo mogą ustać na nogach.

They struggled to keep the reins tight and stay ahead of the sled.

Starali się trzymać lejce mocno i utrzymać się przed saniami.

On downhill slopes, they only managed to avoid being run over.

Na zjazdach udało im się jedynie uniknąć potrącenia.

"March on, poor sore feet," the driver said as they limped along.

„Idźcie dalej, biedne, obolałe stopy" – powiedział kierowca, gdy utykali.

"This is the last stretch, then we all get one long rest, for sure."

„To jest ostatni odcinek, potem na pewno wszyscy będziemy mieli długi odpoczynek".

"One truly long rest," he promised, watching them stagger forward.

„Jeden naprawdę długi odpoczynek" – obiecał, patrząc, jak zataczają się do przodu.

The drivers expected they were going to now get a long, needed break.

Kierowcy spodziewali się, że teraz będą mogli zrobić sobie długą, potrzebną przerwę.

They had traveled twelve hundred miles with only two days' rest.

Przebyli tysiąc dwieście mil, odpoczywając zaledwie dwa dni.

By fairness and reason, they felt they had earned time to relax.

Uczciwie i rozsądnie uważali, że zasłużyli na czas na relaks.

But too many had come to the Klondike, and too few had stayed home.

Ale zbyt wielu przybyło nad Klondike, a zbyt niewielu zostało w domu.

Letters from families flooded in, creating piles of delayed mail.

Zalewająca miasto korespondencja od rodzin zalewała domki, tworząc stosy opóźnionej poczty.

Official orders arrived—new Hudson Bay dogs were going to take over.

Przyszły oficjalne rozkazy — nowe psy z Zatoki Hudsona miały przejąć władzę.

The exhausted dogs, now called worthless, were to be disposed of.

Wyczerpane psy, teraz uznane za bezwartościowe, miały
zostać usunięte.

**Since money mattered more than dogs, they were going to
be sold cheaply.**

Ponieważ pieniądze były dla nich ważniejsze od psów,
zamierzano je sprzedać tanio.

**Three more days passed before the dogs felt just how weak
they were.**

Minęły kolejne trzy dni, zanim psy poczuły, jak bardzo są
osłabione.

**On the fourth morning, two men from the States bought the
whole team.**

Czwartego ranka dwóch mężczyzn ze Stanów wykupiło cały
zespół.

The sale included all the dogs, plus their worn harness gear.

Sprzedaż obejmowała wszystkie psy wraz ze zużytymi
szelkami.

**The men called each other "Hal" and "Charles" as they
completed the deal.**

Mężczyźni zwracali się do siebie „Hal" i „Charles", finalizując
transakcję.

**Charles was middle-aged, pale, with limp lips and fierce
mustache tips.**

Charles był mężczyzną w średnim wieku, bladym, o wiotkich
ustach i ostrych końcówkach wąsów.

**Hal was a young man, maybe nineteen, wearing a cartridge-
stuffed belt.**

Hal był młodym mężczyzną, miał może dziewiętnaście lat i
nosił pas wypchany nabojami.

**The belt held a big revolver and a hunting knife, both
unused.**

Na pasku znajdował się duży rewolwer i nóż myśliwski, oba
nieużywane.

**It showed how inexperienced and unfit he was for northern
life.**

Pokazywało to jego niedoświadczenie i nieprzygotowanie do
życia na północy.

Neither man belonged in the wild; their presence defied all reason.

Żaden z nich nie należał do dzikich zwierząt; ich obecność przeczyła wszelkiemu zdrowemu rozsądkowi.

Buck watched as money exchanged hands between buyer and agent.

Buck obserwował, jak pieniądze przechodziły z rąk do rąk między kupującym a agentem.

He knew the mail-train drivers were leaving his life like the rest.

Wiedział, że maszyniści pociągów pocztowych odchodzą z jego życia tak jak pozostali.

They followed Perrault and François, now gone beyond recall.

Poszli za Perraultem i François, których już nie można było odszukać.

Buck and the team were led to their new owners' sloppy camp.

Buck i jego drużyna zostali zaprowadzeni do brudnego obozowiska nowych właścicieli.

The tent sagged, dishes were dirty, and everything lay in disarray.

Namiot zapadł się, naczynia były brudne, a wszystko leżało w nieładzie.

Buck noticed a woman there too—Mercedes, Charles's wife and Hal's sister.

Buck zauważył tam również kobietę – Mercedes, żonę Charlesa i siostrę Hala.

They made a complete family, though far from suited to the trail.

Stanowili kompletną rodzinę, choć daleko im było do przystosowania do szlaku.

Buck watched nervously as the trio started packing the supplies.

Buck nerwowo obserwował, jak trójka zaczyna pakować rzeczy.

They worked hard but without order—just fuss and wasted effort.

Pracowali ciężko, ale bez ładu i składu – tylko zamieszanie i marnowanie wysiłku.

The tent was rolled into a bulky shape, far too large for the sled.

Namiot zwinięto w nieporęczny kształt, zdecydowanie za duży do sań.

Dirty dishes were packed without being cleaned or dried at all.

Brudne naczynia pakowano bez ich umycia i wysuszenia.

Mercedes fluttered about, constantly talking, correcting, and meddling.

Mercedes krzątała się tu i ówdzie, nieustannie gadając, poprawiając i wtrącając się.

When a sack was placed on front, she insisted it go on the back.

Gdy worek został umieszczony z przodu, ona nalegała, żeby umieścić go z tyłu.

She packed the sack in the bottom, and the next moment she needed it.

Spakowała worek na dno i w następnej chwili go potrzebowała.

So the sled was unpacked again to reach the one specific bag.

Więc sanie rozpakowano ponownie, żeby dotrzeć do konkretnego bagażu.

Nearby, three men stood outside a tent, watching the scene unfold.

Nieopodal, przed namiotem, trzej mężczyźni stali i obserwowali rozwój wydarzeń.

They smiled, winked, and grinned at the newcomers' obvious confusion.

Uśmiechali się, mrugali i szczerzyli zęby w uśmiechu, widząc wyraźne zdezorientowanie przybyszów.

"You've got a right heavy load already," said one of the men.

„Masz już naprawdę ciężki ładunek" – powiedział jeden z mężczyzn.

"I don't think you should carry that tent, but it's your choice."

„Myślę, że nie powinieneś nieść tego namiotu, ale to twój wybór."

"Undreamed of!" cried Mercedes, throwing up her hands in despair.

„Nie do pomyślenia!" – krzyknęła Mercedes, rozpaczliwie unosząc ręce.

"How could I possibly travel without a tent to stay under?"

„Jak mógłbym podróżować bez namiotu, pod którym mógłbym spać?"

"It's springtime—you won't see cold weather again," the man replied.

„Jest wiosna, nie będzie już takiej zimy" – odpowiedział mężczyzna.

But she shook her head, and they kept piling items onto the sled.

Ona jednak pokręciła głową, a oni dalej dokładali rzeczy na sanki.

The load towered dangerously high as they added the final things.

Ładunek niebezpiecznie wzrósł, gdy dodawali ostatnie rzeczy.

"Think the sled will ride?" asked one of the men with a skeptical look.

„Myślisz, że sanie pojadą?" – zapytał jeden z mężczyzn ze sceptycznym wyrazem twarzy.

"Why shouldn't it?" Charles snapped back with sharp annoyance.

„A dlaczego nie?" – warknął Charles z ostrym rozdrażnieniem.

"Oh, that's all right," the man said quickly, backing away from offense.

„Och, w porządku" – powiedział szybko mężczyzna, wycofując się z ataku.

"I was only wondering—it just looked a bit too top-heavy to me."

„Zastanawiałem się tylko – wydawało mi się, że jest trochę za bardzo przeładowany u góry".

Charles turned away and tied down the load as best as he could.

Charles odwrócił się i związał ładunek najlepiej jak potrafił.

But the lashings were loose and the packing poorly done overall.

Jednak mocowania były luźne, a pakowanie ogólnie rzecz biorąc źle wykonane.

"Sure, the dogs will pull that all day," another man said sarcastically.

„Jasne, psy będą to ciągnąć cały dzień" – powiedział sarkastycznie inny mężczyzna.

"Of course," Hal replied coldly, grabbing the sled's long gee-pole.

„Oczywiście" – odpowiedział chłodno Hal, chwytając za długi drążek sterowniczy sanek.

With one hand on the pole, he swung the whip in the other.

Jedną ręką trzymając drążek, drugą wymachiwał batem.

"Let's go!" he shouted. "Move it!" urging the dogs to start.

„Ruszajmy!" krzyknął. „Ruszajcie się!" zachęcając psy do startu.

The dogs leaned into the harness and strained for a few moments.

Psy naparły na uprząż i przez chwilę walczyły.

Then they stopped, unable to budge the overloaded sled an inch.

Następnie zatrzymali się, nie mogąc ruszyć przeciążonych sań nawet o cal.

"The lazy brutes!" Hal yelled, lifting the whip to strike them.

„Leniwe bestie!" krzyknął Hal, podnosząc bat, żeby ich uderzyć.

But Mercedes rushed in and seized the whip from Hal's hands.

Ale Mercedes wpadła i wyrwała bat z rąk Hala.

"Oh, Hal, don't you dare hurt them," she cried in alarm.

„Och, Hal, nie waż się ich skrzywdzić!" – krzyknęła
przerażona.

**"Promise me you'll be kind to them, or I won't go another
step."**

„Obiecaj mi, że będziesz dla nich miły, albo nie zrobię ani
kroku dalej".

**"You don't know a thing about dogs," Hal snapped at his
sister.**

„Nic nie wiesz o psach" – warknął Hal do swojej siostry.

**"They're lazy, and the only way to move them is to whip
them."**

„Są leniwe i jedynym sposobem, żeby je ruszyć, jest ich
chłosta".

**"Ask anyone—ask one of those men over there if you doubt
me."**

„Zapytaj kogokolwiek – zapytaj któregoś z tych mężczyzn,
jeśli we mnie wątpisz."

**Mercedes looked at the onlookers with pleading, tearful
eyes.**

Mercedes spojrzała na gapiów błagalnym, pełnym łez
wzrokiem.

Her face showed how deeply she hated the sight of any pain.

Na jej twarzy widać było, jak bardzo nienawidzi widoku
jakiegokolwiek bólu.

**"They're weak, that's all," one man said. "They're worn
out."**

„Są słabi, to wszystko" – powiedział jeden mężczyzna. „Są
wyczerpani".

**"They need rest—they've been worked too long without a
break."**

„Potrzebują odpoczynku – pracowali zbyt długo bez
przerwy".

"Rest be cursed," Hal muttered with his lip curled.

„Niech reszta będzie przeklęta" – mruknął Hal, krzywiąc usta.

Mercedes gasped, clearly pained by the coarse word from him.

Mercedes jęknęła, wyraźnie zasmucona jego wulgarnymi słowami.

Still, she stayed loyal and instantly defended her brother.

Mimo wszystko pozostała lojalna i natychmiast stanęła w obronie brata.

"Don't mind that man," she said to Hal. "They're our dogs."

„Nie przejmuj się tym człowiekiem" – powiedziała do Hala. „To nasze psy".

"You drive them as you see fit—do what you think is right."

„Prowadź je tak, jak uważasz za stosowne – rób to, co uważasz za słuszne".

Hal raised the whip and struck the dogs again without mercy.

Hal podniósł bat i ponownie uderzył psy bez litości.

They lunged forward, bodies low, feet pushing into the snow.

Rzucili się do przodu, pochylając nisko ciała i wbijając stopy w śnieg.

All their strength went into the pull, but the sled wasn't moving.

Całą swoją siłę włożyli w ciągnięcie, lecz sanie nie ruszyły.

The sled stayed stuck, like an anchor frozen into the packed snow.

Sanie pozostały przyklejone, niczym kotwica zamarznięta w ubitym śniegu.

After a second effort, the dogs stopped again, panting hard.

Po drugiej próbie psy znów się zatrzymały, ciężko dysząc.

Hal raised the whip once more, just as Mercedes interfered again.

Hal ponownie podniósł bat, akurat w chwili, gdy Mercedes znów wkroczyła do akcji.

She dropped to her knees in front of Buck and hugged his neck.

Uklękła przed Buckiem i objęła go za szyję.

Tears filled her eyes as she pleaded with the exhausted dog.

Łzy napłynęły jej do oczu, gdy błagała wyczerpanego psa.

"You poor dears," she said, "why don't you just pull harder?"

„Biedactwa", powiedziała, „dlaczego po prostu nie pociągniecie mocniej?"

"If you pull, then you won't get to be whipped like this."

„Jeśli pociągniesz, to nie dostaniesz takiego bata."

Buck disliked Mercedes, but he was too tired to resist her now.

Buck nie lubił Mercedes, ale był teraz zbyt zmęczony, żeby jej się oprzeć.

He accepted her tears as just another part of the miserable day.

Przyjął jej łzy jako kolejny element tego okropnego dnia.

One of the watching men finally spoke after holding back his anger.

Jeden z obserwujących mężczyzn w końcu przemówił, powstrzymując gniew.

"I don't care what happens to you folks, but those dogs matter."

„Nie obchodzi mnie, co się z wami stanie, ale te psy są ważne".

"If you want to help, break that sled loose—it's frozen to the snow."

„Jeśli chcesz pomóc, uwolnij sanki – są zamarznięte do śniegu".

"Push hard on the gee-pole, right and left, and break the ice seal."

„Naciśnij mocno na drążek skrętu, w prawo i w lewo, a rozbijesz pokrywę lodową".

A third attempt was made, this time following the man's suggestion.

Podjęto trzecią próbę, tym razem idąc za sugestią mężczyzny.

Hal rocked the sled from side to side, breaking the runners loose.

Hal zakołysał saniami na boki, aż płozy się uwolniły.

The sled, though overloaded and awkward, finally lurched forward.

Choć przeciążone i niezgrabne, sanie w końcu ruszyły do przodu.

Buck and the others pulled wildly, driven by a storm of whiplashes.

Buck i pozostali ciągnęli jak szaleni, gnani falą uderzeń biczem.

A hundred yards ahead, the trail curved and sloped into the street.

Sto jardów dalej ścieżka skręcała i prowadziła w stronę ulicy.

It was going to have taken a skilled driver to keep the sled upright.

Utrzymanie sań w pozycji pionowej wymagało umiejętności kierowcy.

Hal was not skilled, and the sled tipped as it swung around the bend.

Hal nie miał odpowiednich umiejętności i sanki przewróciły się na zakręcie.

Loose lashings gave way, and half the load spilled onto the snow.

Luźne wiązania puściły i połowa ładunku rozsypała się na śniegu.

The dogs did not stop; the lighter sled flew along on its side.

Psy się nie zatrzymały; lżejsze sanie powędrowały na bok.

Angry from abuse and the heavy burden, the dogs ran faster.

Wściekłe z powodu znęcania się i ciężaru, psy pobiegły szybciej.

Buck, in fury, broke into a run, with the team following behind.

Buck, wściekły, rzucił się do biegu, a reszta drużyny podążyła za nim.

Hal shouted "Whoa! Whoa!" but the team paid no attention to him.

Hal krzyknął „Whoa! Whoa!", ale drużyna nie zwróciła na niego uwagi.

He tripped, fell, and was dragged along the ground by the harness.

Potknął się, upadł i został wleczony po ziemi za uprząż.

The overturned sled bumped over him as the dogs raced on ahead.

Wywrócone sanie uderzyły w niego, gdy psy pobiegły naprzód.

The rest of the supplies scattered across Skaguay's busy street.

Reszta zapasów rozrzucona po ruchliwej ulicy Skaguay.

Kind-hearted people rushed to stop the dogs and gather the gear.

Dobroczynni ludzie pobiegli zatrzymać psy i zabrać sprzęt.

They also gave advice, blunt and practical, to the new travelers.

Udzielali także nowym podróżnikom bezpośrednich i praktycznych porad.

"If you want to reach Dawson, take half the load and double the dogs."

„Jeśli chcesz dotrzeć do Dawsona, weź połowę ładunku i podwój liczbę psów".

Hal, Charles, and Mercedes listened, though not with enthusiasm.

Hal, Charles i Mercedes słuchali, choć bez entuzjazmu.

They pitched their tent and started sorting through their supplies.

Rozbili namiot i zaczęli przeglądać swoje rzeczy.

Out came canned goods, which made onlookers laugh aloud.

Na stole pojawiły się puszki z jedzeniem, co wywołało salwy śmiechu wśród gapiów.

"Canned stuff on the trail? You'll starve before that melts," one said.

„Konserwy na szlaku? Umrzesz z głodu, zanim się rozpuszczą" – powiedział jeden.

"Hotel blankets? You're better off throwing them all out."

„Koce hotelowe? Lepiej je wszystkie wyrzucić."

"Ditch the tent, too, and no one washes dishes here."

„Pozbądź się też namiotu, a tutaj nikt nie będzie zmywał naczyń."

"You think you're riding a Pullman train with servants on board?"

„Myślisz, że jedziesz pociągiem Pullman ze służbą na pokładzie?"

The process began—every useless item was tossed to the side.

Proces się rozpoczął — wszystkie bezużyteczne przedmioty zostały wyrzucone na bok.

Mercedes cried when her bags were emptied onto the snowy ground.

Mercedes płakała, gdy wysypano jej torby na zaśnieżoną ziemię.

She sobbed over every item thrown out, one by one without pause.

Płakała nad każdą rzeczą, którą wyrzucała po kolei, bez chwili zawahania.

She vowed not to go one more step—not even for ten Charleses.

Przyrzekła sobie, że nie zrobi ani jednego kroku więcej – nawet za dziesięciu Charlesów.

She begged each person nearby to let her keep her precious things.

Błagała każdą osobę znajdującą się w pobliżu, aby pozwoliła jej zatrzymać jej cenne rzeczy.

At last, she wiped her eyes and began tossing even vital clothes.

Na koniec otarła oczy i zaczęła wyrzucać nawet najważniejsze ubrania.

When done with her own, she began emptying the men's supplies.

Kiedy skończyła ze swoimi rzeczami, zaczęła opróżniać zapasy mężczyzn.

Like a whirlwind, she tore through Charles and Hal's belongings.

Jak huragan porwała rzeczy Charlesa i Hala.

Though the load was halved, it was still far heavier than needed.

Mimo że ładunek zmniejszył się o połowę, nadal był znacznie cięższy, niż było to konieczne.

That night, Charles and Hal went out and bought six new dogs.

Tej nocy Charles i Hal poszli i kupili sześć nowych psów.

These new dogs joined the original six, plus Teek and Koona.

Do pierwotnej szóstki, plus Teeka i Koonę, dołączyły nowe psy.

Together they made a team of fourteen dogs hitched to the sled.

Razem stworzyli zespół składający się z czternastu psów zaprzęgniętych do sań.

But the new dogs were unfit and poorly trained for sled work.

Jednak nowe psy nie nadawały się do pracy zaprzęgowej i były do tego słabo wyszkolone.

Three of the dogs were short-haired pointers, and one was a Newfoundland.

Trzy z psów były krótkowłosymi pointerami, a jeden był nowofundlandem.

The final two dogs were mutts of no clear breed or purpose at all.

Ostatnie dwa psy były kundlami bez wyraźnej rasy i przeznaczenia.

They didn't understand the trail, and they didn't learn it quickly.

Nie rozumieli szlaku i nie nauczyli się go szybko.

Buck and his mates watched them with scorn and deep irritation.

Buck i jego towarzysze patrzyli na nich z pogardą i głęboką irytacją.

Though Buck taught them what not to do, he could not teach duty.

Chociaż Buck uczył ich, czego nie należy robić, nie potrafił nauczyć ich obowiązku.

They didn't take well to trail life or the pull of reins and sleds.

Nie znosiły życia na szlaku ani ciągnięcia lejców i sań.

Only the mongrels tried to adapt, and even they lacked fighting spirit.

Tylko kundle próbowały się przystosować, ale nawet im brakowało ducha walki.

The other dogs were confused, weakened, and broken by their new life.

Pozostałe psy były zdezorientowane, osłabione i złamane nowym życiem.

With the new dogs clueless and the old ones exhausted, hope was thin.

Nowe psy nie miały pojęcia, co się dzieje, a stare były wyczerpane, więc nadzieja była nikła.

Buck's team had covered twenty-five hundred miles of harsh trail.

Zespół Bucka pokonał dwadzieścia pięćset mil trudnego szlaku.

Still, the two men were cheerful and proud of their large dog team.

Mimo to obaj mężczyźni byli radośni i dumni ze swojego dużego psiego zaprzęgu.

They thought they were traveling in style, with fourteen dogs hitched.

Myśleli, że podróżują z klasą, zabierając ze sobą czternaście psów.

They had seen sleds leave for Dawson, and others arrive from it.

Widzieli sanie odjeżdżające do Dawson i inne przyjeżdżające stamtąd.

But never had they seen one pulled by as many as fourteen dogs.

Ale nigdy nie widzieli pojazdu ciągniętego przez czternaście psów.

There was a reason such teams were rare in the Arctic wilderness.

Był powód, dla którego takie zespoły były rzadkością na arktycznych pustkowiach.

No sled could carry enough food to feed fourteen dogs for the trip.

Żadne sanie nie były w stanie przewieźć wystarczającej ilości jedzenia dla czternastu psów.

But Charles and Hal didn't know that — they had done the math.

Ale Charles i Hal nie wiedzieli, że to już wszystko wiedzą.

They penciled out the food: so much per dog, so many days, done.

Zaplanowali jedzenie: ile na psa, na ile dni, gotowe.

Mercedes looked at their figures and nodded as if it made sense.

Mercedes spojrzała na swoje liczby i pokiwała głową, jakby wszystko miało sens.

It all seemed very simple to her, at least on paper.

Wszystko wydawało jej się bardzo proste, przynajmniej na papierze.

The next morning, Buck led the team slowly up the snowy street.

Następnego ranka Buck powoli poprowadził drużynę zaśnieżoną ulicą.

There was no energy or spirit in him or the dogs behind him.

Nie było w nim ani w psach za nim żadnej energii ani ducha.

They were dead tired from the start — there was no reserve left.

Byli śmiertelnie zmęczeni od samego początku, nie mieli już żadnych rezerw.

Buck had made four trips between Salt Water and Dawson already.

Buck odbył już cztery podróże między Salt Water i Dawson.

Now, faced with the same trail again, he felt nothing but bitterness.

Teraz, gdy znów stanął przed tym samym szlakiem, nie czuł nic poza goryczą.

His heart was not in it, nor were the hearts of the other dogs.

Nie wkładał w to serca, tak samo jak serca innych psów.

The new dogs were timid, and the huskies lacked all trust.

Nowe psy były nieśmiałe, a husky nie wzbudzały żadnego zaufania.

Buck sensed he could not rely on these two men or their sister.

Buck czuł, że nie może polegać ani na tych dwóch mężczyznach, ani na ich siostrze.

They knew nothing and showed no signs of learning on the trail.

Nie wiedzieli nic i nie wykazali żadnych oznak wyciągnięcia wniosków na szlaku.

They were disorganized and lacked any sense of discipline.

Byli niezorganizowani i brakowało im dyscypliny.

It took them half the night to set up a sloppy camp each time.

Za każdym razem zajmowało im to pół nocy, żeby rozbić byle jaki obóz.

And half the next morning they spent fumbling with the sled again.

A połowę następnego poranka spędzili na ponownym majstrowaniu przy saniach.

By noon, they often stopped just to fix the uneven load.

Około południa często zatrzymywali się, aby poprawić nierównomierny ładunek.

On some days, they traveled less than ten miles in total.

W niektóre dni przebyli w sumie mniej niż dziesięć mil.

Other days, they didn't manage to leave camp at all.

Innym razem w ogóle nie udawało im się opuścić obozu.

They never came close to covering the planned food-distance.

Nigdy nie zbliżyli się do zaplanowanego dystansu żywieniowego.

As expected, they ran short on food for the dogs very quickly.

Jak się spodziewano, bardzo szybko zabrakło jedzenia dla psów.

They made matters worse by overfeeding in the early days.

Na początku sytuację pogarszało przekarmianie.

This brought starvation closer with every careless ration.

Każda nieostrożna racja żywnościowa przybliżała nas do głodu.

The new dogs had not learned to survive on very little.

Nowe psy nie nauczyły się przetrwać, mając mało jedzenia.

They ate hungrily, with appetites too large for the trail.

Jedli łapczywie, ich apetyty były zbyt duże jak na trasę.

Seeing the dogs weaken, Hal believed the food wasn't enough.

Widząc, że psy słabną, Hal uznał, że jedzenie nie wystarczy.

He doubled the rations, making the mistake even worse.

Podwoił racje żywnościowe, co tylko pogorszyło sprawę.

Mercedes added to the problem with tears and soft pleading.

Mercedes pogorszyła sprawę łzami i cichymi prośbami.

When she couldn't convince Hal, she fed the dogs in secret.

Gdy nie udało jej się przekonać Hala, potajemnie karmiła psy.

She stole from the fish sacks and gave it to them behind his back.

Ukradła ryby z worków i dała im je za jego plecami.

But what the dogs truly needed wasn't more food—it was rest.

Ale tym, czego psy naprawdę potrzebowały, nie było jedzenie, lecz odpoczynek.

They were making poor time, but the heavy sled still dragged on.

Choć jechali słabo, ciężkie sanie nadal się ciągnęły.

That weight alone drained their remaining strength each day.

Sam ten ciężar pozbawiał ich sił, które pozostały im każdego dnia.

Then came the stage of underfeeding as the supplies ran low.

Potem nadszedł etap niedożywienia, gdyż zapasy zaczęły się kończyć.

Hal realized one morning that half the dog food was already gone.

Pewnego ranka Hal zdał sobie sprawę, że połowa karmy dla psa już się skończyła.

They had only traveled a quarter of the total trail distance.

Przebyli zaledwie jedną czwartą całkowitego dystansu szlaku.

No more food could be bought, no matter what price was offered.

Nie można było już kupić jedzenia, bez względu na oferowaną cenę.

He reduced the dogs' portions below the standard daily ration.

Zmniejszył porcje dla psów poniżej standardowej dziennej racji.

At the same time, he demanded longer travel to make up for loss.

Jednocześnie domagał się dłuższego czasu podróży, aby zrekompensować straty.

Mercedes and Charles supported this plan, but failed in execution.

Mercedes i Charles poparli ten plan, ale nie udało im się go zrealizować.

Their heavy sled and lack of skill made progress nearly impossible.

Ciężkie sanie i brak umiejętności sprawiały, że postęp był niemal niemożliwy.

It was easy to give less food, but impossible to force more effort.

Łatwo było dać mniej jedzenia, ale wymuszenie większego wysiłku było niemożliwe.

They couldn't start early, nor could they travel for extra hours.

Nie mogli zacząć wcześniej, ani podróżować dłużej.

They didn't know how to work the dogs, nor themselves, for that matter.

Nie wiedzieli, jak pracować z psami, ani z samymi sobą.

The first dog to die was Dub, the unlucky but hardworking thief.

Pierwszym psem, który zginął, był Dub, pechowy, ale pracowity złodziej.

Though often punished, Dub had pulled his weight without complaint.

Choć Dub był często karany, nie narzekał i zawsze dokładał starań.

His injured shoulder grew worse without care or needed rest.

Kontuzja jego ramienia pogarszała się, gdy nie dbał o nią ani nie potrzebował odpoczynku.

Finally, Hal used the revolver to end Dub's suffering.

Na koniec Hal użył rewolweru, by zakończyć cierpienie Duba.

A common saying claimed that normal dogs die on husky rations.

Popularne powiedzenie głosi, że normalne psy umierają na racjach husky.

Buck's six new companions had only half the husky's share of food.

Sześcioro nowych towarzyszy Bucka miało tylko połowę porcji pożywienia, jaką miał husky.

The Newfoundland died first, then the three short-haired pointers.

Najpierw zginął nowofundland, potem trzy krótkowłose pointery.

The two mongrels held on longer but finally perished like the rest.

Oba kundle wytrzymały dłużej, ale w końcu zginęły, tak jak reszta.

By this time, all the amenities and gentleness of the Southland were gone.

W tym czasie wszelkie udogodnienia i łagodność Południa już dawno zniknęły.

The three people had shed the last traces of their civilized upbringing.

Te trzy osoby pozbyły się ostatnich śladów cywilizowanego wychowania.

Stripped of glamour and romance, Arctic travel became brutally real.

Pozbawiona blasku i romantyzmu podróż na Arktykę stała się brutalnie realna.

It was a reality too harsh for their sense of manhood and womanhood.

Była to rzeczywistość zbyt surowa dla ich poczucia męskości i kobiecości.

Mercedes no longer wept for the dogs, but now wept only for herself.

Mercedes nie płakała już nad psami, ale teraz płakała już tylko nad sobą.

She spent her time crying and quarreling with Hal and Charles.

Spędzała czas na płaczu i kłótniach z Halem i Charlesem.

Quarreling was the one thing they were never too tired to do.

Kłótnie były jedyną rzeczą, której nigdy nie byli zbyt zmęczeni.

Their irritability came from misery, grew with it, and surpassed it.

Ich drażliwość wynikała z nieszczęścia, rosła wraz z nim i przewyższała je.

The patience of the trail, known to those who toil and suffer kindly, never came.

Cierpliwość szlaku, znana tym, którzy ciężko pracują i cierpią z życzliwością, nigdy nie nadeszła.

That patience, which keeps speech sweet through pain, was unknown to them.

Ta cierpliwość, która pozwala zachować słodycz mowy pomimo bólu, była im nieznana.

They had no hint of patience, no strength drawn from suffering with grace.

Nie było w nich ani krzty cierpliwości, żadnej siły czerpanej z cierpienia z wdzięcznością.

They were stiff with pain—aching in their muscles, bones, and hearts.

Byli zesztywniali z bólu – bolały ich mięśnie, kości i serca.

Because of this, they grew sharp of tongue and quick with harsh words.

Z tego powodu stali się ostrzy w języku i skorzy do używania ostrych słów.

Each day began and ended with angry voices and bitter complaints.

Każdy dzień zaczynał się i kończył gniewnymi głosami i gorzkimi skargami.

Charles and Hal wrangled whenever Mercedes gave them a chance.

Charles i Hal kłócili się za każdym razem, gdy Mercedes dawała im szansę.

Each man believed he did more than his fair share of the work.

Każdy z mężczyzn uważał, że wykonał więcej niż jego uczciwy przydział pracy.

Neither ever missed a chance to say so, again and again.

Żadne z nich nigdy nie przegapiło okazji, żeby to powiedzieć raz po raz.

Sometimes Mercedes sided with Charles, sometimes with Hal.

Czasami Mercedes stawała po stronie Charlesa, czasami po stronie Hala.

This led to a grand and endless quarrel among the three.

Doprowadziło to do wielkiej i niekończącej się kłótni między tą trójką.

A dispute over who should chop firewood grew out of control.

Spór o to, kto powinien rąbać drewno na opał, wymknął się spod kontroli.

Soon, fathers, mothers, cousins, and dead relatives were named.

Wkrótce zaczęto podawać nazwiska ojców, matek, kuzynów i zmarłych krewnych.

Hal's views on art or his uncle's plays became part of the fight.

Poglądy Hala na sztukę i sztuki jego wuja stały się częścią walki.

Charles's political beliefs also entered the debate.

Poglądy polityczne Karola również stały się przedmiotem debaty.

To Mercedes, even her husband's sister's gossip seemed relevant.

Nawet plotki siostry jej męża wydawały się Mercedes istotne.

She aired opinions on that and on many of Charles's family's flaws.

Wyraziła swoją opinię na ten temat, jak również na temat wielu wad rodziny Charlesa.

While they argued, the fire stayed unlit and camp half set.

Podczas gdy się kłócili, ognisko pozostało zgaszone, a obóz był w połowie gotowy.

Meanwhile, the dogs remained cold and without any food.

Tymczasem psy pozostawały zmarznięte i bez jedzenia.

Mercedes held a grievance she considered deeply personal.

Mercedes miała żal, który uważała za głęboko osobisty.

She felt mistreated as a woman, denied her gentle privileges.

Czuła się źle traktowana jako kobieta, pozbawiona delikatnych przywilejów.

She was pretty and soft, and used to chivalry all her life.

Była ładna i delikatna, i od zawsze przyzwyczajona do rycerskości.

But her husband and brother now treated her with impatience.

Jednak jej mąż i brat zaczęli ją niecierpliwie traktować.

Her habit was to act helpless, and they began to complain.

Miała w zwyczaju zachowywać się bezradnie, więc zaczęli się skarżyć.

Offended by this, she made their lives all the more difficult.

Obrażona tym, jeszcze bardziej utrudniła im życie.

She ignored the dogs and insisted on riding the sled herself.

Zignorowała psy i upierała się, że sama pojedzie na saniach.

Though light in looks, she weighed one hundred twenty pounds.

Choć wyglądała na drobną, ważyła sto dwadzieścia funtów.

That added burden was too much for the starving, weak dogs.

Ten dodatkowy ciężar był zbyt duży dla wygłodniałych i słabych psów.

Still, she rode for days, until the dogs collapsed in the reins.

Mimo to jechała jeszcze przez wiele dni, aż psy opadły z sił.

The sled stood still, and Charles and Hal begged her to walk.

Sanie stały w miejscu, a Charles i Hal błagali ją, żeby poszła pieszo.

They pleaded and entreated, but she wept and called them cruel.

Błagali i prosili, ale ona płakała i nazywała ich okrutnymi.

On one occasion, they pulled her off the sled with sheer force and anger.

Pewnego razu ściągnęli ją z sań siłą i złością.

They never tried again after what happened that time.

Po tym, co się wydarzyło, nigdy więcej nie próbowali.

She went limp like a spoiled child and sat in the snow.

Zwiotczała jak rozpieszczone dziecko i usiadła na śniegu.

They moved on, but she refused to rise or follow behind.

Poszli dalej, ale ona nie chciała wstać ani pójść za nią.

After three miles, they stopped, returned, and carried her back.

Po trzech milach zatrzymali się, zawrócili i zanieśli ją z powrotem.

They reloaded her onto the sled, again using brute strength.

Ponownie załadowali ją na sanie, znów używając brutalnej siły.

In their deep misery, they were callous to the dogs' suffering.

W swej głębokiej rozpaczy nie tolerowali cierpienia psów.

Hal believed one must get hardened and forced that belief on others.

Hal uważał, że trzeba się zahartować i narzucał to przekonanie innym.

He first tried to preach his philosophy to his sister

Najpierw próbował przekazać swoją filozofię siostrze

and then, without success, he preached to his brother-in-law.

a potem, bez powodzenia, wygłosił kazanie swemu szwagrowi.

He had more success with the dogs, but only because he hurt them.

Odnosił większe sukcesy z psami, ale tylko dlatego, że robił im krzywdę.

At Five Fingers, the dog food ran out of food completely.

W Five Fingers całkowicie zabrakło karmy dla psów.

A toothless old squaw sold a few pounds of frozen horse-hide

Bezzębna stara kobieta sprzedała kilka funtów zamrożonej skóry końskiej

Hal traded his revolver for the dried horse-hide.

Hal wymienił swój rewolwer na wysuszoną skórę końską.

The meat had come from starved horses of cattlemen months before.

Mięso pochodziło od wygłodzonych koni hodowców bydła wiele miesięcy wcześniej.

Frozen, the hide was like galvanized iron; tough and inedible.

Zamrożona skóra przypominała ocynkowane żelazo; była twarda i niejadalna.

The dogs had to chew endlessly at the hide to eat it.

Psy musiały bez końca gryźć skórę, żeby ją zjeść.

But the leathery strings and short hair were hardly nourishment.

Jednakże sztywne sznurki i krótkie włosy nie stanowiły żadnego pożywienia.

Most of the hide was irritating, and not food in any true sense.

Większość skóry była drażniąca i nie nadawała się do jedzenia w prawdziwym tego słowa znaczeniu.

And through it all, Buck staggered at the front, like in a nightmare.

A przez cały ten czas Buck zataczał się na czele, jak w koszmarze.

He pulled when able; when not, he lay until whip or club raised him.

Gdy mógł, ciągnął; gdy nie mógł, leżał, dopóki nie podniósł go bat lub pałka.

His fine, glossy coat had lost all stiffness and sheen it once had.

Jego piękna, błyszcząca sierść straciła całą sztywność i połysk, jakie miała kiedyś.

His hair hung limp, draggled, and clotted with dried blood from the blows.

Jego włosy były oklapnięte, potargane i sklejone zaschniętą krwią od uderzeń.

His muscles shrank to cords, and his flesh pads were all worn away.

Jego mięśnie skurczyły się do rozmiarów strun głosowych, a poduszki skórne uległy zniszczeniu.

Each rib, each bone showed clearly through folds of wrinkled skin.

Każde żebro, każda kość były wyraźnie widoczne przez fałdy pomarszczonej skóry.

It was heartbreaking, yet Buck's heart could not break.

To było rozdzierające serce, jednak serce Bucka nie mogło pęknąć.

The man in the red sweater had tested that and proved it long ago.

Mężczyzna w czerwonym swetrze sprawdził to i udowodnił to dawno temu.

As it was with Buck, so it was with all his remaining teammates.

Podobnie było z Buckiem, tak też było ze wszystkimi jego pozostałymi kolegami z drużyny.

There were seven in total, each one a walking skeleton of misery.

Było ich w sumie siedem i każdy z nich był chodzącym szkieletem nieszczęścia.

They had grown numb to lash, feeling only distant pain.

Stali się nieczuli na chłostę, czuli jedynie odległy ból.

Even sight and sound reached them faintly, as through a thick fog.

Nawet wzrok i słuch docierały do nich słabo, jakby przez gęstą mgłę.

They were not half alive—they were bones with dim sparks inside.

Nie były w połowie żywe – to były kości, w których środku tliły się słabe iskry.

When stopped, they collapsed like corpses, their sparks almost gone.

Gdy się zatrzymali, upadli jak trupy, a ich iskry niemal zgasły.

And when the whip or club struck again, the sparks fluttered weakly.

A gdy bicz lub maczuga uderzyły ponownie, iskry trzepotały słabo.

Then they rose, staggered forward, and dragged their limbs ahead.

Następnie podnieśli się, zatoczyli do przodu i pociągnęli kończyny do przodu.

One day kind Billee fell and could no longer rise at all.

Pewnego dnia miły Billee upadł i nie mógł już się podnieść.

Hal had traded his revolver, so he used an axe to kill Billee instead.

Hal oddał swój rewolwer, więc zabił Billee'ego siekierą.

He struck him on the head, then cut his body free and dragged it away.

Uderzył go w głowę, po czym uwolnił ciało i odciągnął.

Buck saw this, and so did the others; they knew death was near.

Buck to zobaczył, podobnie jak pozostali. Wiedzieli, że śmierć jest bliska.

Next day Koona went, leaving just five dogs in the starving team.

Następnego dnia Koona odszedł, pozostawiając w wygłodzonej grupie tylko pięć psów.

Joe, no longer mean, was too far gone to be aware of much at all.

Joe nie był już taki zły, był już tak daleko posunięty, że nie był świadomy niczego.

Pike, no longer faking his injury, was barely conscious.

Pike nie udawał już urazu i był ledwie przytomny.

Solleks, still faithful, mourned he had no strength to give.

Solleks, nadal wierny, żałował, że nie ma siły, by dawać.

Teek was beaten most because he was fresher, but fading fast.

Teek został pobity najbardziej, bo był bardziej wypoczęty, ale szybko słabł.

And Buck, still in the lead, no longer kept order or enforced it.

A Buck, wciąż na czele, nie utrzymywał już porządku i nie egzekwował go.

Half blind with weakness, Buck followed the trail by feel alone.

Półślepy i osłabiony Buck podążał szlakiem, kierując się wyłącznie wyczuciem.

It was beautiful spring weather, but none of them noticed it.

Pogoda była piękna, wiosenna, ale nikt tego nie zauważył.

Each day the sun rose earlier and set later than before.

Każdego dnia słońce wschodziło wcześniej i zachodziło później niż poprzednio.

By three in the morning, dawn had come; twilight lasted till nine.

O trzeciej nad ranem nastał świt, zmierzch trwał do dziewiątej.

The long days were filled with the full blaze of spring sunshine.

Długie dni wypełnione były pełnym blaskiem wiosennego słońca.

The ghostly silence of winter had changed into a warm murmur.

Upiorna cisza zimy zmieniła się w ciepły pomruk.

All the land was waking, alive with the joy of living things.

Cała kraina budziła się, tętniąc radością życia.

The sound came from what had lain dead and still through winter.

Dźwięk dochodził z tego, co leżało martwe i nieruchome przez całą zimę.

Now, those things moved again, shaking off the long frost sleep.

Teraz te rzeczy znów się poruszyły, otrząsając się z długiego, mroźnego snu.

Sap was rising through the dark trunks of the waiting pine trees.

Sok unosił się z ciemnych pni oczekujących sosen.

Willows and aspens burst out bright young buds on each twig.

Na każdej gałązce wierzby i osiki pojawiają się jasne, młode pąki.

Shrubs and vines put on fresh green as the woods came alive.

Krzewy i winorośle pokryły się świeżą zielenią, a las ożył.

Crickets chirped at night, and bugs crawled in daylight sun.

W nocy cykały świerszcze, a w dziennym słońcu przechadzały się owady.

Partridges boomed, and woodpeckers knocked deep in the trees.

Kuropatwy brzęczały, a dzięcioły pukały głęboko w drzewa.

Squirrels chattered, birds sang, and geese honked over the dogs.
Wiewiórki szczebiotały, ptaki śpiewały, a gęsi gęgały nad psami.

The wild-fowl came in sharp wedges, flying up from the south.
Dzikie ptactwo nadlatywało z południa w ostrych grupach.

From every hillside came the music of hidden, rushing streams.
Z każdego zbocza wzgórza dobiegała muzyka ukrytych, rwących strumieni.

All things thawed and snapped, bent and burst back into motion.
Wszystko rozmroziło się, pękło, wygięło i znów zaczęło się poruszać.

The Yukon strained to break the cold chains of frozen ice.
Jukon z trudem przełamywał łańcuchy zimna zamarzniętego lodu.

The ice melted underneath, while the sun melted it from above.
Lód pod spodem topił się, a słońce topiło go od góry.

Air-holes opened, cracks spread, and chunks fell into the river.
Powstały otwory wentylacyjne, pęknięcia się rozprzestrzeniły, a kawałki ziemi spadły do rzeki.

Amid all this bursting and blazing life, the travelers staggered.
Pośród tego całego tętniącego i płonącego życia, podróżni zataczali się.

Two men, a woman, and a pack of huskies walked like the dead.
Dwóch mężczyzn, kobieta i stado husky poruszali się jak zabici.

The dogs were falling, Mercedes wept, but still rode the sled.
Psy padały, Mercedes płakała, ale nadal jechała na saniach.

Hal cursed weakly, and Charles blinked through watering eyes.

Hal zaklął słabo, a Charles zamrugał, mając załzawione oczy.

They stumbled into John Thornton's camp by White River's mouth.

Natknęli się na obóz Johna Thorntona przy ujściu White River.

When they stopped, the dogs dropped flat, as if all struck dead.

Gdy się zatrzymali, psy padły płasko, jakby wszystkie zostały śmiertelnie ranne.

Mercedes wiped her tears and looked across at John Thornton.

Mercedes otarła łzy i spojrzała na Johna Thorntona.

Charles sat on a log, slowly and stiffly, aching from the trail.

Charles siedział powoli i sztywno na kłodzie, obolały po wędrówce.

Hal did the talking as Thornton carved the end of an axe-handle.

Hal mówił, podczas gdy Thornton rzeźbił koniec trzonka topora.

He whittled birch wood and answered with brief, firm replies.

Strugał drewno brzozowe i odpowiadał krótko, lecz stanowczo.

When asked, he gave advice, certain it wasn't going to be followed.

Gdy go o to poproszono, udzielił rady, będąc pewnym, że ta nie zostanie zastosowana.

Hal explained, "They told us the trail ice was dropping out."

Hal wyjaśnił: „Powiedzieli nam, że lód na szlaku odpada".

"They said we should stay put—but we made it to White River."

„Powiedzieli, że powinniśmy zostać, ale dotarliśmy do White River."

He ended with a sneering tone, as if to claim victory in hardship.

Zakończył szyderczym tonem, jakby chciał ogłosić
zwycięstwo w trudnościach.

**"And they told you true," John Thornton answered Hal
quietly.**

„I powiedzieli ci prawdę" – John Thornton odpowiedział
Halowi cicho.

**"The ice may give way at any moment—it's ready to drop
out."**

„Lód może runąć w każdej chwili — jest gotowy odpaść".

**"Only blind luck and fools could have made it this far
alive."**

„Tylko ślepy los i głupcy mogli przeżyć tak długą drogę".

**"I tell you straight, I wouldn't risk my life for all Alaska's
gold."**

„Mówię szczerze, nie zaryzykowałbym życia za całe złoto
Alaski".

"That's because you're not a fool, I suppose," Hal answered.

„Myślę, że to dlatego, że nie jesteś głupcem" – odpowiedział
Hal.

**"All the same, we'll go on to Dawson." He uncoiled his
whip.**

„Tak czy inaczej, pójdziemy do Dawson." Rozwinął swój bicz.

"Get up there, Buck! Hi! Get up! Go on!" he shouted harshly.

„Wstawaj, Buck! Cześć! Wstawaj! No dalej!" krzyknął ostro.

Thornton kept whittling, knowing fools won't hear reason.

Thornton kontynuował pracę, wiedząc, że głupcy nie
usłuchają głosu rozsądku.

**To stop a fool was futile—and two or three fooled changed
nothing.**

Zatrzymanie głupca było daremne — a dwóch lub trzech
głupców niczego nie zmieniło.

But the team didn't move at the sound of Hal's command.

Jednak drużyna nie ruszyła się na dźwięk rozkazu Hala.

By now, only blows could make them rise and pull forward.

Teraz już tylko ciosy mogły ich zmusić do podniesienia się i
ruszenia naprzód.

The whip snapped again and again across the weakened dogs.

Bat raz po raz smagał osłabione psy.

John Thornton pressed his lips tightly and watched in silence.

John Thornton zacisnął mocno usta i obserwował w milczeniu.

Solleks was the first to crawl to his feet under the lash.

Solleks jako pierwszy podniósł się na nogi po uderzeniu batem.

Then Teek followed, trembling. Joe yelped as he stumbled up.

Potem Teek podążył za nim, drżąc. Joe krzyknął, gdy się potykał.

Pike tried to rise, failed twice, then finally stood unsteadily.

Pike próbował się podnieść, dwukrotnie mu się nie udało, po czym w końcu stanął chwiejnie.

But Buck lay where he had fallen, not moving at all this time.

Natomiast Buck leżał tam, gdzie upadł i tym razem w ogóle się nie ruszał.

The whip slashed him over and over, but he made no sound.

Bicz uderzał go raz po raz, ale nie wydawał żadnego dźwięku.

He did not flinch or resist, simply remained still and quiet.

Nie drgnął ani nie stawiał oporu, po prostu pozostał nieruchomy i cichy.

Thornton stirred more than once, as if to speak, but didn't.

Thornton poruszył się kilkakrotnie, jakby chciał coś powiedzieć, ale tego nie zrobił.

His eyes grew wet, and still the whip cracked against Buck.

Jego oczy zrobiły się wilgotne, a bat nadal trzaskał o Bucka.

At last, Thornton began pacing slowly, unsure of what to do.

W końcu Thornton zaczął powoli przechadzać się po pokoju, niepewny, co robić.

It was the first time Buck had failed, and Hal grew furious.

To była pierwsza porażka Bucka i Hal wpadł we wściekłość.

He threw down the whip and picked up the heavy club instead.

Odrzucił bat i zamiast niego podniósł ciężki kij.

The wooden club came down hard, but Buck still did not rise to move.

Drewniany kij uderzył mocno, ale Buck nadal nie podniósł się, by wykonać jakiś ruch.

Like his teammates, he was too weak—but more than that.

Podobnie jak jego koledzy z drużyny, był zbyt słaby, ale to nie wszystko.

Buck had decided not to move, no matter what came next.

Buck postanowił nie ruszać się, bez względu na to, co miało nastąpić.

He felt something dark and certain hovering just ahead.

Wyczuł coś mrocznego i pewnego, co czaiło się tuż przed nim.

That dread had seized him as soon as he reached the riverbank.

Strach ogarnął go, gdy tylko dotarł do brzegu rzeki.

The feeling had not left him since he felt the ice thin under his paws.

Uczucie to nie opuściło go, odkąd poczuł, że lód pod jego łapami staje się cienki.

Something terrible was waiting—he felt it just down the trail.

Czekało na niego coś strasznego – wyczuł to tuż na szlaku.

He wasn't going to walk towards that terrible thing ahead

Nie miał zamiaru iść w kierunku tej strasznej rzeczy, która go czekała

He was not going to obey any command that took him to that thing.

Nie miał zamiaru wykonywać żadnego polecenia, które doprowadziłoby go do tego miejsca.

The pain of the blows hardly touched him now—he was too far gone.

Ból zadawanych ciosów już go prawie nie dotykał – był już w zbyt złym stanie.

The spark of life flickered low, dimmed beneath each cruel strike.

Iskra życia tliła się słabo, przygasała pod każdym okrutnym uderzeniem.

His limbs felt distant; his whole body seemed to belong to another.

Jego kończyny wydawały się odległe; całe ciało zdawało się należeć do kogoś innego.

He felt a strange numbness as the pain faded out completely.

Poczuł dziwne odrętwienie, a ból całkowicie ustąpił.

From far away, he sensed he was being beaten, but barely knew.

Już z daleka wyczuwał, że jest bity, lecz nie zdawał sobie z tego sprawy.

He could hear the thuds faintly, but they no longer truly hurt.

Słyszał słabe odgłosy, ale już nie sprawiały prawdziwego bólu.

The blows landed, but his body no longer seemed like his own.

Ciosy spadły, ale jego ciało nie przypominało już jego własnego.

Then suddenly, without warning, John Thornton gave a wild cry.

Nagle, bez ostrzeżenia, John Thornton wydał dziki krzyk.

It was inarticulate, more the cry of a beast than of a man.

Głos był niewyraźny, przypominał raczej krzyk zwierzęcia niż człowieka.

He leapt at the man with the club and knocked Hal backward.

Skoczył na mężczyznę z pałką i odrzucił Hala do tyłu.

Hal flew as if struck by a tree, landing hard upon the ground.

Hal poleciał, jakby uderzyło go drzewo, i twardo wylądował na ziemi.

Mercedes screamed aloud in panic and clutched at her face.

Mercedes krzyknęła głośno w panice i złapała się za twarz.

Charles only looked on, wiped his eyes, and stayed seated.

Charles tylko patrzył, otarł oczy i pozostał na miejscu.

His body was too stiff with pain to rise or help in the fight.

Jego ciało było zbyt sztywne z bólu, aby mógł wstać i wziąć udział w walce.

Thornton stood over Buck, trembling with fury, unable to speak.

Thornton stanął nad Buckiem, trzęsąc się ze złości i niezdolny wykrztusić słowa.

He shook with rage and fought to find his voice through it.

Trząsł się ze złości i walczył, żeby przebić się przez nią.

"If you strike that dog again, I'll kill you," he finally said.

„Jeśli jeszcze raz uderzysz tego psa, zabiję cię" – powiedział w końcu.

Hal wiped blood from his mouth and came forward again.

Hal otarł krew z ust i ponownie wyszedł naprzód.

"It's my dog," he muttered. "Get out of the way, or I'll fix you."

„To mój pies" – mruknął. „Zejdź mi z drogi, albo cię naprawię".

"I'm going to Dawson, and you're not stopping me," he added.

„Idę do Dawson i nie możesz mnie powstrzymać" – dodał.

Thornton stood firm between Buck and the angry young man.

Thornton stanął twardo między Buckiem a wściekłym młodym mężczyzną.

He had no intention of stepping aside or letting Hal pass.

Nie miał zamiaru ustąpić ani pozwolić Halowi przejść.

Hal pulled out his hunting knife, long and dangerous in hand.

Hal wyciągnął swój nóż myśliwski, długi i niebezpieczny w dłoni.

Mercedes screamed, then cried, then laughed in wild hysteria.

Mercedes krzyknęła, rozpłakała się, a następnie roześmiała się histerycznie.

Thornton struck Hal's hand with his axe-handle, hard and fast.

Thornton uderzył Hala w rękę trzonkiem topora, mocno i szybko.

The knife was knocked loose from Hal's grip and flew to the ground.

Nóż wypadł Halowi z ręki i upadł na ziemię.

Hal tried to pick the knife up, and Thornton rapped his knuckles again.

Hal spróbował podnieść nóż, a Thornton ponownie uderzył go w knykcie.

Then Thornton stooped down, grabbed the knife, and held it.

Wtedy Thornton pochylił się, chwycił nóż i trzymał go.

With two quick chops of the axe-handle, he cut Buck's reins.

Dwoma szybkimi cięciami trzonka topora przeciął wodze Bucka.

Hal had no fight left in him and stepped back from the dog.

Hal nie miał już sił do walki i odsunął się od psa.

Besides, Mercedes needed both arms now to keep her upright.

Poza tym Mercedes potrzebowała teraz obu rąk, żeby utrzymać się w pozycji pionowej.

Buck was too near death to be of use for pulling a sled again.

Buck był już zbyt bliski śmierci, by nadawać się do ciągnięcia sań.

A few minutes later, they pulled out, heading down the river.

Kilka minut później wypłynęli i skierowali się w dół rzeki.

Buck raised his head weakly and watched them leave the bank.

Buck słabo podniósł głowę i patrzył, jak opuszczają bank.

Pike led the team, with Solleks at the rear in the wheel spot.

Pike przewodził zespołowi, a Solleks jechał z tyłu, na pozycji koła.

Joe and Teek walked between, both limping with exhaustion.

Joe i Teek szli pomiędzy nimi, obaj utykając ze zmęczenia.

Mercedes sat on the sled, and Hal gripped the long gee-pole.

Mercedes usiadła na saniach, a Hal chwycił długi drążek sterowniczy.

Charles stumbled behind, his steps clumsy and uncertain.

Charles potknął się i szedł za nim niezdarnie i niepewnie.

Thornton knelt by Buck and gently felt for broken bones.

Thornton ukłęknął obok Bucka i delikatnie sprawdził, czy nie ma złamanych kości.

His hands were rough but moved with kindness and care.

Jego dłonie były szorstkie, ale poruszały się z życzliwością i troską.

Buck's body was bruised but showed no lasting injury.

Ciało Bucka było posiniaczone, jednak nie miało żadnych poważnych obrażeń.

What remained was terrible hunger and near-total weakness.

Pozostał okropny głód i niemal całkowite osłabienie.

By the time this was clear, the sled had gone far downriver.

Kiedy wszystko stało się jasne, sanie były już daleko w dół rzeki.

Man and dog watched the sled slowly crawl over the cracking ice.

Mężczyzna i pies obserwowali, jak sanie powoli suną po pękającym lodzie.

Then, they saw the sled sink down into a hollow.

Potem zobaczyli, że sanie zapadły się w zagłębienie.

The gee-pole flew up, with Hal still clinging to it in vain.

Słupek z wiatrem poleciał w górę, a Hal wciąż kurczowo się go trzymał, ale bezskutecznie.

Mercedes's scream reached them across the cold distance.

Krzyk Mercedes dotarł do nich przez zimną dal.

Charles turned and stepped back—but he was too late.

Charles odwrócił się i cofnął, ale było już za późno.

A whole ice sheet gave way, and they all dropped through.

Cała pokrywa lodowa pękła i wszystkie wpadły do środka.

Dogs, sled, and people vanished into the black water below.

Psy, sanie i ludzie zniknęli w czarnej wodzie poniżej.

Only a wide hole in the ice was left where they had passed.

W miejscu, gdzie przejechali, w lodzie pozostała tylko szeroka dziura.

The trail's bottom had dropped out—just as Thornton warned.

Dno szlaku zapadło się – dokładnie tak, jak ostrzegał Thornton.

Thornton and Buck looked at one another, silent for a moment.

Thornton i Buck spojrzeli po sobie i przez chwilę milczeli.

"You poor devil," said Thornton softly, and Buck licked his hand.

„Biedaku" – powiedział cicho Thornton, a Buck polizał go po ręce.

For the Love of a Man
Z miłości do mężczyzny

John Thornton froze his feet in the cold of the previous December.
John Thornton zamarzł w grudniu z powodu zimna.

His partners made him comfortable and left him to recover alone.
Jego partnerzy zapewnili mu wygodę i pozostawili, aby sam doszedł do siebie.

They went up the river to gather a raft of saw-logs for Dawson.
Popłynęli w górę rzeki, aby zebrać tratwę pełną kłód drewna dla Dawsona.

He was still limping slightly when he rescued Buck from death.
Kiedy uratował Bucka przed śmiercią, wciąż lekko utykał.

But with warm weather continuing, even that limp disappeared.
Ale wraz z utrzymującą się ciepłą pogodą, nawet to utykanie zniknęło.

Lying by the riverbank during long spring days, Buck rested.
Buck odpoczywał, leżąc nad brzegiem rzeki podczas długich wiosennych dni.

He watched the flowing water and listened to birds and insects.
Przyglądał się płynącej wodzie i słuchał ptaków i owadów.

Slowly, Buck regained his strength under the sun and sky.
Buck powoli odzyskiwał siły pod słońcem i niebem.

A rest felt wonderful after traveling three thousand miles.
Odpoczynek po przebyciu trzech tysięcy mil był wspaniały.

Buck became lazy as his wounds healed and his body filled out.
Buck stał się leniwy, ponieważ jego rany się goiły, a ciało nabierało objętości.

His muscles grew firm, and flesh returned to cover his bones.

Jego mięśnie stały się jędrniejsze, a kości znów pokryły się skórą.

They were all resting—Buck, Thornton, Skeet, and Nig.

Wszyscy odpoczywali — Buck, Thornton, Skeet i Nig.

They waited for the raft that was going to carry them down to Dawson.

Czekali na tratwę, która miała ich zawieźć do Dawson.

Skeet was a small Irish setter who made friends with Buck.

Skeet był małym irlandzkim seterem, który zaprzyjaźnił się z Buckiem.

Buck was too weak and ill to resist her at their first meeting.

Buck był zbyt słaby i chory, aby stawić jej opór podczas ich pierwszego spotkania.

Skeet had the healer trait that some dogs naturally possess.

Skeet miał naturalną cechę uzdrowiciela, którą posiadają niektóre psy.

Like a mother cat, she licked and cleaned Buck's raw wounds.

Jak matka kotka, lizała i oczyściła otwarte rany Bucka.

Every morning after breakfast, she repeated her careful work.

Każdego ranka po śniadaniu powtarzała swoją skrupulatną pracę.

Buck came to expect her help as much as he did Thornton's.

Buck spodziewał się jej pomocy tak samo, jak oczekiwał pomocy Thorntona.

Nig was friendly too, but less open and less affectionate.

Nig również był przyjacielski, ale mniej otwarty i uczuciowy.

Nig was a big black dog, part bloodhound and part deerhound.

Nig był dużym, czarnym psem, mieszańcem charta i charta szkockiego.

He had laughing eyes and endless good nature in his spirit.

Miał śmiejące się oczy i nieskończoną dobroć ducha.

To Buck's surprise, neither dog showed jealousy toward him.

Ku zaskoczeniu Bucka, żaden z psów nie okazał zazdrości.

Both Skeet and Nig shared the kindness of John Thornton.

Zarówno Skeet, jak i Nig dzielili się życzliwością Johna Thorntona.

As Buck got stronger, they lured him into foolish dog games.

Kiedy Buck stawał się silniejszy, wciągali go w głupie, psie zabawy.

Thornton often played with them too, unable to resist their joy.

Thornton również często się z nimi bawił, nie potrafiąc oprzeć się ich radości.

In this playful way, Buck moved from illness to a new life.

W ten zabawny sposób Buck przeszedł od choroby do nowego życia.

Love—true, burning, and passionate love—was his at last.

Miłość — prawdziwa, płomienna i namiętna — w końcu była jego.

He had never known this kind of love at Miller's estate.

Nigdy nie zaznał takiej miłości w posiadłości Millera.

With the Judge's sons, he had shared work and adventure.

Razem z synami sędziego dzielił pracę i przygody.

With the grandsons, he saw stiff and boastful pride.

U wnuków widział sztywną i dumną osobę.

With Judge Miller himself, he had a respectful friendship.

Z samym sędzią Millerem łączył go pełen szacunku przyjacielski stosunek.

But love that was fire, madness, and worship came with Thornton.

Ale miłość, która była ogniem, szaleństwem i uwielbieniem, przyszła wraz z Thorntonem.

This man had saved Buck's life, and that alone meant a great deal.

Ten człowiek uratował życie Buckowi, a to już samo w sobie wiele znaczyło.

But more than that, John Thornton was the ideal kind of master.

Ale co ważniejsze, John Thornton był idealnym mistrzem.

Other men cared for dogs out of duty or business necessity.

Inni mężczyźni opiekowali się psami z powodów służbowych lub zawodowych.

John Thornton cared for his dogs as if they were his children.

John Thornton dbał o swoje psy tak, jakby były jego dziećmi.

He cared for them because he loved them and simply could not help it.

Troszczył się o nich, ponieważ ich kochał i po prostu nie potrafił sobie pomóc.

John Thornton saw even further than most men ever managed to see.

John Thornton widział dalej, niż większość ludzi kiedykolwiek zdołała dostrzec.

He never forgot to greet them kindly or speak a cheering word.

Nigdy nie zapominał, by ich uprzejmie pozdrowić lub powiedzieć im kilka słów otuchy.

He loved sitting down with the dogs for long talks, or "gassy," as he said.

Uwielbiał siadać z psami i prowadzić z nimi długie rozmowy, które, jak sam mówił, były „gazowe".

He liked to seize Buck's head roughly between his strong hands.

Lubił mocno chwytać głowę Bucka swoimi silnymi dłońmi.

Then he rested his own head against Buck's and shook him gently.

Następnie oparł swoją głowę o głowę Bucka i delikatnie nim potrząsnął.

All the while, he called Buck rude names that meant love to Buck.

Przez cały czas wyzywał Bucka od niegrzecznych określeń, które miały mu oznaczać miłość do niego.

To Buck, that rough embrace and those words brought deep joy.

Dla Bucka ten brutalny uścisk i te słowa sprawiły głęboką radość.

His heart seemed to shake loose with happiness at each movement.

Zdawało się, że przy każdym ruchu jego serce drży ze szczęścia.

When he sprang up afterward, his mouth looked like it laughed.

Kiedy później podniósł się, jego usta wyglądały, jakby się śmiały.

His eyes shone brightly and his throat trembled with unspoken joy.

Jego oczy błyszczały, a gardło drżało z niewypowiedzianej radości.

His smile stood still in that state of emotion and glowing affection.

Jego uśmiech pozostał nieruchomy w tym stanie emocji i promiennego uczucia.

Then Thornton exclaimed thoughtfully, "God! he can almost speak!"

Wtedy Thornton zawołał z namysłem: „Boże! On prawie potrafi mówić!"

Buck had a strange way of expressing love that nearly caused pain.

Buck miał dziwny sposób wyrażania miłości, który niemal sprawiał mu ból.

He often griped Thornton's hand in his teeth very tightly.

Często mocno ściskał zębami dłoń Thorntona.

The bite was going to leave deep marks that stayed for some time after.

Ugryzienie pozostawiło głębokie ślady, które miały pozostać widoczne jeszcze przez jakiś czas.

Buck believed those oaths were love, and Thornton knew the same.

Buck uważał, że te przysięgi są wyrazem miłości, a Thornton wiedział to samo.

Most often, Buck's love showed in quiet, almost silent adoration.

Najczęściej miłość Bucka wyrażała się w cichej, niemal bezgłośnej adoracji.

Though thrilled when touched or spoken to, he did not seek attention.

Choć był podekscytowany, gdy ktoś go dotykał lub do niego mówił, nie szukał uwagi.

Skeet nudged her nose under Thornton's hand until he petted her.

Skeet szturchnęła jej nos pod dłoń Thorntona, aż ją pogłaskał.

Nig walked up quietly and rested his large head on Thornton's knee.

Nig podszedł cicho i oparł swoją dużą głowę na kolanie Thorntona.

Buck, in contrast, was satisfied to love from a respectful distance.

Buck natomiast zadowalał się miłością okazywaną z szacunku na odległość.

He lied for hours at Thornton's feet, alert and watching closely.

Leżał godzinami u stóp Thorntona, czujny i uważnie obserwujący.

Buck studied every detail of his master's face and slightest motion.

Buck przyjrzał się uważnie każdemu szczegółowi twarzy swego pana i najmniejszemu jego ruchowi.

Or lied farther away, studying the man's shape in silence.

Albo leżał dalej, w milczeniu studiując sylwetkę mężczyzny.

Buck watched each small move, each shift in posture or gesture.

Buck obserwował każdy najmniejszy ruch, każdą zmianę postawy czy gestu.

So powerful was this connection that often pulled Thornton's gaze.

To powiązanie było tak silne, że często przyciągało wzrok Thorntona.

He met Buck's eyes with no words, love shining clearly through.

Spojrzał Buckowi w oczy bez słów, a miłość wyraźnie przez nie przebijała.

For a long while after being saved, Buck never let Thornton out of sight.

Przez długi czas po uratowaniu Buck nie spuszczał Thorntona z oczu.

Whenever Thornton left the tent, Buck followed him closely outside.

Za każdym razem, gdy Thornton opuszczał namiot, Buck podążał za nim na zewnątrz.

All the harsh masters in the Northland had made Buck afraid to trust.

Wszyscy surowi panowie w Północy sprawili, że Buck bał się zaufać.

He feared no man could remain his master for more than a short time.

Obawiał się, że żaden człowiek nie będzie w stanie pozostać jego panem dłużej niż przez krótki czas.

He feared John Thornton was going to vanish like Perrault and François.

Obawiał się, że John Thornton zniknie, podobnie jak Perrault i François.

Even at night, the fear of losing him haunted Buck's restless sleep.

Nawet w nocy strach przed jego utratą nie dawał spokoju Buckowi.

When Buck woke, he crept out into the cold, and went to the tent.

Kiedy Buck się obudził, wyszedł na zimno i poszedł do namiotu.

He listened carefully for the soft sound of breathing inside.

Uważnie nasłuchiwał cichego odgłosu oddechu w środku.

Despite Buck's deep love for John Thornton, the wild stayed alive.

Pomimo głębokiej miłości Bucka do Johna Thorntona, dzicz pozostała przy życiu.

That primitive instinct, awakened in the North, did not disappear.

Ten pierwotny instynkt, ożywiony na Północy, nie zniknął.

Love brought devotion, loyalty, and the fire-side's warm bond.

Miłość przyniosła oddanie, lojalność i ciepłą więź płynącą z ogniska domowego.

But Buck also kept his wild instincts, sharp and ever alert.

Ale Buck zachował także swoje dzikie instynkty, ostre i zawsze czujne.

He was not just a tamed pet from the soft lands of civilization.

Nie był po prostu oswojonym zwierzęciem domowym z miękkich krain cywilizacji.

Buck was a wild being who had come in to sit by Thornton's fire.

Buck był dzikim stworzeniem, które przyszło usiąść przy ognisku Thorntona.

He looked like a Southland dog, but wildness lived within him.

Wyglądał jak pies z południa, ale żyła w nim dzikość.

His love for Thornton was too great to allow theft from the man.

Jego miłość do Thorntona była zbyt wielka, aby pozwolić na kradzież tego człowieka.

But in any other camp, he would steal boldly and without pause.

Ale w każdym innym obozie kradłby śmiało i bez zastanowienia.

He was so clever in stealing that no one could catch or accuse him.

Był tak sprytny w kradzieżach, że nikt nie mógł go złapać ani oskarżyć.

His face and body were covered in scars from many past fights.

Jego twarz i ciało pokrywały blizny będące pozostałością po licznych walkach.

Buck still fought fiercely, but now he fought with more cunning.

Buck nadal walczył zaciekle, ale tym razem wykazał się większą przebiegłością.

Skeet and Nig were too gentle to fight, and they were Thornton's.

Skeet i Nig byli zbyt łagodni, by walczyć, i należeli do Thorntona.

But any strange dog, no matter how strong or brave, gave way.

Ale każdy obcy pies, bez względu na to jak silny czy odważny, ustępował.

Otherwise, the dog found itself battling Buck; fighting for its life.

W przeciwnym razie pies musiał walczyć z Buckiem; walczyć o swoje życie.

Buck had no mercy once he chose to fight against another dog.

Buck nie miał litości, gdy zdecydował się walczyć z innym psem.

He had learned well the law of club and fang in the Northland.

W Northlandzie dobrze poznał prawo pałki i kła.

He never gave up an advantage and never backed away from battle.

Nigdy nie oddawał przewagi i nigdy nie wycofywał się z walki.

He had studied Spitz and the fiercest dogs of mail and police.

Studiował szpice i najgroźniejsze psy pocztowe i policyjne.

He knew clearly there was no middle ground in wild combat.

Wiedział wyraźnie, że w zaciekłej walce nie ma miejsca na nic pośredniego.

He must rule or be ruled; showing mercy meant showing weakness.

Albo ktoś rządzi, albo jest rządzony; okazanie miłosierdzia oznaczało okazanie słabości.

Mercy was unknown in the raw and brutal world of survival.

Miłosierdzie było nieznane w surowym i brutalnym świecie przetrwania.

To show mercy was seen as fear, and fear led quickly to death.

Okazywanie miłosierdzia było postrzegane jako strach, a strach szybko prowadził do śmierci.

The old law was simple: kill or be killed, eat or be eaten.

Stare prawo było proste: zabij albo zostaniesz zabity, zjedz albo zostaniesz zjedzony.

That law came from the depths of time, and Buck followed it fully.

Prawo to zrodziło się w odległej przeszłości i Buck postępował zgodnie z nim w pełni.

Buck was older than his years and the number of breaths he took.

Buck był starszy, niż wskazywałby na to jego wiek i liczba oddechów, które wziął.

He connected the ancient past with the present moment clearly.

Wyraźnie powiązał starożytną przeszłość z teraźniejszością.

The deep rhythms of the ages moved through him like the tides.

Głębokie rytmy wieków przenikały go niczym przypływy i odpływy.

Time pulsed in his blood as surely as seasons moved the earth.

Czas pulsował w jego krwi tak samo, jak pory roku poruszają ziemią.

He sat by Thornton's fire, strong-chested and white-fanged.

Siedział przy ognisku Thorntona, miał mocną klatkę piersiową i białe kły.

His long fur waved, but behind him the spirits of wild dogs watched.

Jego długie futro powiewało, ale za jego plecami obserwowały go duchy dzikich psów.

Half-wolves and full wolves stirred within his heart and senses.

Półwilki i pełne wilki poruszyły się w jego sercu i zmysłach.

They tasted his meat and drank the same water that he did.

Spróbowali jego mięsa i wypili tę samą wodę co on.

They sniffed the wind alongside him and listened to the forest.

Węszyli razem z nim podmuchy wiatru i słuchali lasu.

They whispered the meanings of the wild sounds in the darkness.

Szeptali znaczenie dzikich dźwięków w ciemności.

They shaped his moods and guided each of his quiet reactions.

Kształtowały jego nastroje i kierowały każdą z jego cichych reakcji.

They lay with him as he slept and became part of his deep dreams.

Towarzyszyły mu, gdy spał i stały się częścią jego najgłębszych snów.

They dreamed with him, beyond him, and made up his very spirit.

Śnili razem z nim, poza nim, i stanowili jego samego ducha.

The spirits of the wild called so strongly that Buck felt pulled.

Duchy przyrody wołały tak głośno, że Buck poczuł się przyciągnięty.

Each day, mankind and its claims grew weaker in Buck's heart.

Z każdym dniem ludzkość i jej roszczenia słabły w sercu Bucka.

Deep in the forest, a strange and thrilling call was going to rise.

Głęboko w lesie miało rozlegać się dziwne i ekscytujące wołanie.

Every time he heard the call, Buck felt an urge he could not resist.

Za każdym razem, gdy słyszał wołanie, Buck odczuwał potrzebę, której nie potrafił się oprzeć.

He was going to turn from the fire and from the beaten human paths.

Zamierzał odwrócić się od ognia i utartych ludzkich ścieżek.

He was going to plunge into the forest, going forward without knowing why.

Zamierzał rzucić się w las, idąc naprzód, nie wiedząc dlaczego.

He did not question this pull, for the call was deep and powerful.

Nie kwestionował tego przyciągania, ponieważ zew był głęboki i potężny.

Often, he reached the green shade and soft untouched earth

Często docierał do zielonego cienia i miękkiej, nietkniętej ziemi

But then the strong love for John Thornton pulled him back to the fire.

Ale wielka miłość do Johna Thorntona znów wciągnęła go w ogień.

Only John Thornton truly held Buck's wild heart in his grasp.

Tylko John Thornton naprawdę potrafił zapanować nad dzikim sercem Bucka.

The rest of mankind had no lasting value or meaning to Buck.

Reszta ludzkości nie miała dla Bucka żadnej trwałej wartości ani znaczenia.

Strangers might praise him or stroke his fur with friendly hands.

Obcy mogą go chwalić lub głaskać po futrze przyjaznymi dłońmi.

Buck remained unmoved and walked off from too much affection.

Buck pozostał niewzruszony i odszedł, będąc pod wpływem zbytniej czułości.

Hans and Pete arrived with the raft that had long been awaited

Hans i Pete przybyli tratwą, na którą długo czekali

Buck ignored them until he learned they were close to Thornton.

Buck ignorował ich, dopóki nie dowiedział się, że są blisko Thorntona.

After that, he tolerated them, but never showed them full warmth.

Potem tolerował ich, ale nigdy nie okazywał im pełnego ciepła.

He took food or kindness from them as if doing them a favor.

Przyjmował od nich jedzenie i okazywał życzliwość, jakby robił im przysługę.

They were like Thornton—simple, honest, and clear in thought.

Byli jak Thornton – prości, uczciwi i jasno myślący.

All together they traveled to Dawson's saw-mill and the great eddy

Wszyscy razem udali się do tartaku Dawsona i wielkiego wiru

On their journey the learned to understand Buck's nature deeply.

Podczas podróży nauczyli się dogłębnie rozumieć naturę Bucka.

They did not try to grow close like Skeet and Nig had done.

Nie próbowali się do siebie zbliżyć, jak to zrobili Skeet i Nig.

But Buck's love for John Thornton only deepened over time.

Ale miłość Bucka do Johna Thorntona z czasem tylko się pogłębiała.

Only Thornton could place a pack on Buck's back in the summer.

Tylko Thornton potrafił umieścić plecak na grzbiecie Bucka latem.

Whatever Thornton commanded, Buck was willing to do fully.

Buck był gotów wykonać każde polecenie Thorntona.

One day, after they left Dawson for the headwaters of the Tanana,

Pewnego dnia, po opuszczeniu Dawson i udaniu się do źródeł rzeki Tanana,

the group sat on a cliff that dropped three feet to bare bedrock.

grupa siedziała na klifie, który opadał metr w dół, aż do nagiej skały.

John Thornton sat near the edge, and Buck rested beside him.

John Thornton siedział blisko krawędzi, a Buck odpoczywał obok niego.

Thornton had a sudden thought and called the men's attention.

Thorntonowi przyszła nagła myśl i zwrócił uwagę mężczyzn.

He pointed across the chasm and gave Buck a single command.

Wskazał na przepaść i wydał Buckowi jedno polecenie.

"Jump, Buck!" he said, swinging his arm out over the drop.

„Skacz, Buck!" powiedział, wyciągając rękę nad przepaścią.

In a moment, he had to grab Buck, who was leaping to obey.

W pewnej chwili musiał złapać Bucka, który rzucił się, by wykonać jego polecenie.

Hans and Pete rushed forward and pulled both back to safety.

Hans i Pete rzucili się do przodu i odciągnęli ich obu w bezpieczne miejsce.

After all ended, and they had caught their breath, Pete spoke up.

Gdy wszystko dobiegło końca i zdążyli złapać oddech, Pete przemówił.

"The love's uncanny," he said, shaken by the dog's fierce devotion.

„Miłość jest niesamowita" – powiedział, wstrząśnięty wielkim oddaniem psa.

Thornton shook his head and replied with calm seriousness.

Thornton pokręcił głową i odpowiedział ze spokojną powagą.

"No, the love is splendid," he said, "but also terrible."

„Nie, miłość jest wspaniała" – powiedział – „ale i straszna".

"Sometimes, I must admit, this kind of love makes me afraid."

„Czasami, muszę przyznać, ten rodzaj miłości mnie przeraża."

Pete nodded and said, "I'd hate to be the man who touches you."

Pete skinął głową i powiedział: „Nie chciałbym być mężczyzną, który cię dotyka".

He looked at Buck as he spoke, serious and full of respect.

Mówiąc to patrzył na Bucka poważnie i z szacunkiem.

"Py Jingo!" said Hans quickly. "Me either, no sir."

„Py Jingo!" powiedział szybko Hans. „Ja też nie, nie, sir."

Before the year ended, Pete's fears came true at Circle City.

Zanim rok dobiegł końca, obawy Pete'a spełniły się w Circle City.

A cruel man named Black Burton picked a fight in the bar.

Okrutny mężczyzna o imieniu Black Burton wszczął bójkę w barze.

He was angry and malicious, lashing out at a new tenderfoot.

Był wściekły i złośliwy, atakował nowego nowicjusza.

John Thornton stepped in, calm and good-natured as always.

John Thornton jak zwykle spokojny i życzliwy.

Buck lay in a corner, head down, watching Thornton closely.

Buck leżał w kącie, z głową spuszczoną w dół, uważnie obserwując Thorntona.

Burton suddenly struck, his punch sending Thornton spinning.

Burton nagle uderzył, jego cios powalił Thorntona.

Only the bar's rail kept him from crashing hard to the ground.

Tylko poręcz baru uchroniła go przed uderzeniem o ziemię.

The watchers heard a sound that was not bark or yelp

Obserwatorzy usłyszeli dźwięk, który nie był szczekaniem ani piskiem

a deep roar came from Buck as he launched toward the man.

Buck wydał z siebie głęboki ryk i rzucił się w stronę mężczyzny.

Burton threw his arm up and barely saved his own life.

Burton podniósł rękę i cudem uratował sobie życie.

Buck crashed into him, knocking him flat onto the floor.

Buck wpadł na niego i powalił go na podłogę.

Buck bit deep into the man's arm, then lunged for the throat.

Buck wbił się głęboko w ramię mężczyzny i rzucił się na jego gardło.

Burton could only partly block, and his neck was torn open.

Burtonowi udało się zablokować tylko częściowo, w wyniku czego doszło do rozcięcia szyi.

Men rushed in, clubs raised, and drove Buck off the bleeding man.

Mężczyźni rzucili się do akcji, podnieśli pałki i zepchnęli Bucka z krwawiącego mężczyzny.

A surgeon worked quickly to stop the blood from flowing out.

Chirurg szybko zatamował odpływ krwi.

Buck paced and growled, trying to attack again and again.

Buck chodził tam i z powrotem, warcząc, próbując raz po raz atakować.

Only swinging clubs kept him back from reaching Burton.

Tylko machnięcia kijami uniemożliwiły mu dotarcie do Burtona.

A miners' meeting was called and held right there on the spot.

Zwołano zebranie górników i odbyło się ono na miejscu.

They agreed Buck had been provoked and voted to set him free.

Zgodzili się, że Buck został sprowokowany i zagłosowali za jego uwolnieniem.

But Buck's fierce name now echoed in every camp in Alaska.

Ale groźne imię Bucka rozbrzmiewało teraz w każdym obozie na Alasce.

Later that fall, Buck saved Thornton again in a new way.

Później tej jesieni Buck uratował Thorntona ponownie, ale w nowy sposób.

The three men were guiding a long boat down rough rapids.

Trzej mężczyźni prowadzili długą łódź przez rwące bystrza.

Thornton maned the boat, calling directions to the shoreline.

Thornton kierował łodzią i wykrzykiwał wskazówki, jak dotrzeć do brzegu.

Hans and Pete ran on land, holding a rope from tree to tree.

Hans i Pete biegali po lądzie, trzymając się liny rozpiętej między drzewami.

Buck kept pace on the bank, always watching his master.

Buck biegł wzdłuż brzegu, cały czas obserwując swego pana.

At one nasty place, rocks jutted out under the fast water.

W jednym paskudnym miejscu spod rwącej wody wystawały skały.

Hans let go of the rope, and Thornton steered the boat wide.

Hans puścił linę, a Thornton skierował łódź szeroko.

Hans sprinted to catch the boat again past the dangerous rocks.

Hans pobiegł, aby dogonić łódź, mijając niebezpieczne skały.

The boat cleared the ledge but hit a stronger part of the current.

Łódź odbiła od krawędzi, ale uderzyła w silniejszy nurt.

Hans grabbed the rope too quickly and pulled the boat off balance.

Hans chwycił linę zbyt szybko i łódź straciła równowagę.

The boat flipped over and slammed into the bank, bottom up.

Łódź przewróciła się i uderzyła dnem w brzeg.

Thornton was thrown out and swept into the wildest part of the water.

Thorntona wyrzucono i porwała w najdzikszą część wody.

No swimmer could have survived in those deadly, racing waters.

Żaden pływak nie przeżyłby w tych śmiercionośnych, rwących wodach.

Buck jumped in instantly and chased his master down the river.

Buck natychmiast wskoczył do wody i pobiegł za swoim panem w dół rzeki.

After three hundred yards, he reached Thornton at last.

Po trzystu jardach dotarł w końcu do Thorntona.

Thornton grabbed Buck's tail, and Buck turned for the shore.

Thornton złapał Bucka za ogon, a Buck odwrócił się w stronę brzegu.

He swam with full strength, fighting the water's wild drag.

Płynął z całych sił, zmagając się z gwałtownym oporem wody.

They moved downstream faster than they could reach the shore.

Przemieszczali się w dół rzeki szybciej, niż mogli dotrzeć do brzegu.

Ahead, the river roared louder as it fell into deadly rapids.

Rzeka przed nami ryczała głośniej, wpadając w śmiercionośne bystrza.

Rocks sliced through the water like the teeth of a huge comb.

Skały przecinały wodę niczym zęby ogromnego grzebienia.

The pull of the water near the drop was savage and inescapable.

Siła przyciągania wody w pobliżu spadku była ogromna i nieunikniona.

Thornton knew they could never make the shore in time.

Thornton wiedział, że nie dotrą na czas do brzegu.

He scraped over one rock, smashed across a second,

Przesunął się po jednym kamieniu, roztrzaskał drugi,

And then he crashed into a third rock, grabbing it with both hands.

A potem uderzył w trzecią skałę, chwytając ją obiema rękami.

He let go of Buck and shouted over the roar, "Go, Buck! Go!"

Puścił Bucka i krzyknął ponad rykiem: „Dalej, Buck! Dawaj!"

Buck could not stay afloat and was swept down by the current.

Buck nie zdołał utrzymać się na powierzchni i został pochłonięty przez prąd.

He fought hard, struggling to turn, but made no headway at all.

Walczył z całych sił, usiłując się odwrócić, lecz nie zrobił żadnych postępów.

Then he heard Thornton repeat the command over the river's roar.

Wtedy usłyszał Thorntona powtarzającego rozkaz, przekrzykując szum rzeki.

Buck reared out of the water, raised his head as if for a last look.

Buck wynurzył się z wody i podniósł głowę, jakby chciał rzucić ostatnie spojrzenie.

then turned and obeyed, swimming toward the bank with resolve.

po czym odwrócił się i posłuchał, płynąc zdecydowanie w stronę brzegu.

Pete and Hans pulled him ashore at the final possible moment.

Pete i Hans wyciągnęli go na brzeg w ostatniej chwili.

They knew Thornton could cling to the rock for only minutes more.

Wiedzieli, że Thornton wytrzyma kurczowo trzymanie się skały jeszcze przez kilka minut.

They ran up the bank to a spot far above where he was hanging.

Pobiegli na brzeg, aż do miejsca wysoko nad miejscem, gdzie wisiał.

They tied the boat's line to Buck's neck and shoulders carefully.

Ostrożnie przywiązali linę do szyi i ramion Bucka.

The rope was snug but loose enough for breathing and movement.

Lina była ciasna, ale jednocześnie wystarczająco luźna, aby umożliwić oddychanie i poruszanie się.

Then they launched him into the rushing, deadly river again.

Następnie wrzucili go ponownie do rwącej, śmiercionośnej rzeki.

Buck swam boldly but missed his angle into the stream's force.

Buck płynął śmiało, ale nie trafił pod właściwy kąt, wpadając w rwący nurt.

He saw too late that he was going to drift past Thornton.

Za późno zdał sobie sprawę, że za chwilę wyprzedzi Thorntona.

Hans jerked the rope tight, as if Buck were a capsizing boat.

Hans szarpnął linę tak mocno, jakby Buck był wywracającą się łodzią.

The current pulled him under, and he vanished below the surface.

Prąd pociągnął go pod wodę i zniknął.

His body struck the bank before Hans and Pete pulled him out.

Jego ciało uderzyło w brzeg, zanim Hans i Pete go wyciągnęli.

He was half-drowned, and they pounded the water out of him.

Był na wpół utopiony, więc wylali z niego wodę.

Buck stood, staggered, and collapsed again onto the ground.

Buck wstał, zachwiał się i znów padł na ziemię.

Then they heard Thornton's voice faintly carried by the wind.

Wtedy usłyszeli słaby głos Thorntona niesiony przez wiatr.

Though the words were unclear, they knew he was near death.

Chociaż słowa były niejasne, wiedzieli, że jest bliski śmierci.

The sound of Thornton's voice hit Buck like an electric jolt.

Dźwięk głosu Thorntona uderzył Bucka niczym szok elektryczny.

He jumped up and ran up the bank, returning to the launch point.

Wyskoczył i pobiegł na brzeg, wracając do punktu wyjścia.

Again they tied the rope to Buck, and again he entered the stream.

Ponownie przywiązali linę do Bucka i ponownie wszedł do strumienia.

This time, he swam directly and firmly into the rushing water.

Tym razem popłynął prosto i pewnie pod rwącą wodę.

Hans let out the rope steadily while Pete kept it from tangling.

Hans stopniowo rozluźniał linę, a Pete pilnował, żeby się nie zaplątała.

Buck swam hard until he was lined up just above Thornton.

Buck płynął szybko, aż znalazł się tuż nad Thorntonem.

Then he turned and charged down like a train in full speed.

Następnie odwrócił się i ruszył w dół, niczym rozpędzony pociąg.

Thornton saw him coming, braced, and locked arms around his neck.

Thornton dostrzegł go, wyprostował się i objął go ramionami za szyję.

Hans tied the rope fast around a tree as both were pulled under.

Hans przywiązał linę mocno do drzewa i oboje zostali wciągnięci pod wodę.

They tumbled underwater, smashing into rocks and river debris.

Wpadli pod wodę, rozbijając się o skały i śmieci rzeczne.

One moment Buck was on top, the next Thornton rose gasping.

W jednej chwili Buck był na górze, w drugiej Thornton
podniósł się, łapiąc oddech.

Battered and choking, they veered to the bank and safety.

Pobici i zadławieni, skierowali się w stronę brzegu, gdzie
znaleźli się w bezpiecznym miejscu.

Thornton regained consciousness, lying across a drift log.

Thornton odzyskał przytomność, leżąc na dryfującym pniu.

**Hans and Pete worked him hard to bring back breath and
life.**

Hans i Pete ciężko pracowali, aby przywrócić mu oddech i
życie.

**His first thought was for Buck, who lay motionless and
limp.**

Jego pierwszą myślą był Buck, który leżał nieruchomo i
bezwładnie.

**Nig howled over Buck's body, and Skeet licked his face
gently.**

Nig zawył nad ciałem Bucka, a Skeet delikatnie lizał go po
twarzy.

**Thornton, sore and bruised, examined Buck with careful
hands.**

Thornton, obolały i posiniaczony, ostrożnie zbadał Bucka.

**He found three ribs broken, but no deadly wounds in the
dog.**

Stwierdził u psa złamanie trzech żeber, ale nie stwierdzono u
niego żadnych śmiertelnych ran.

**"That settles it," Thornton said. "We camp here." And they
did.**

„To załatwia sprawę" – powiedział Thornton. „Rozbijamy tu
obóz". I tak zrobili.

**They stayed until Buck's ribs healed and he could walk
again.**

Zostali tam, aż żebra Bucka się zagoiły i mógł znowu chodzić.

**That winter, Buck performed a feat that raised his fame
further.**

Zimą Buck dokonał wyczynu, który jeszcze bardziej przyniósł mu sławę.

It was less heroic than saving Thornton, but just as impressive.

Było to mniej bohaterskie niż uratowanie Thorntona, ale równie imponujące.

At Dawson, the partners needed supplies for a distant journey.

W Dawson partnerzy potrzebowali zapasów na daleką podróż.

They wanted to travel East, into untouched wilderness lands.

Chcieli podróżować na wschód, ku dziewiczym krainom.

Buck's deed in the Eldorado Saloon made that trip possible.

Wyczyn Bucka w Eldorado Saloon umożliwił tę podróż.

It began with men bragging about their dogs over drinks.

Wszystko zaczęło się od mężczyzn, którzy przy drinku chwalili się swoimi psami.

Buck's fame made him the target of challenges and doubt.

Sława Bucka sprawiła, że stał się obiektem wyzwań i wątpliwości.

Thornton, proud and calm, stood firm in defending Buck's name.

Thornton, dumny i spokojny, stanął twardo w obronie imienia Bucka.

One man said his dog could pull five hundred pounds with ease.

Pewien mężczyzna stwierdził, że jego pies z łatwością potrafi uciągnąć pięćset funtów.

Another said six hundred, and a third bragged seven hundred.

Inny chwalił się, że jest ich sześćset, a trzeci, że siedemset.

"Pfft!" said John Thornton, "Buck can pull a thousand pound sled."

„Pfft!" powiedział John Thornton, „Buck potrafi ciągnąć sanie ważące tysiąc funtów".

Matthewson, a Bonanza King, leaned forward and challenged him.

Matthewson, członek Bonanza King, pochylił się do przodu i rzucił mu wyzwanie.

"You think he can put that much weight into motion?"

„Myślisz, że on może wprawić w ruch aż taki ciężar?"

"And you think he can pull the weight a full hundred yards?"

„I myślisz, że da radę przeciągnąć ciężar na całe sto jardów?"

Thornton replied coolly, "Yes. Buck is dog enough to do it."

Thornton odpowiedział chłodno: „Tak. Buck jest wystarczająco psi, żeby to zrobić".

"He'll put a thousand pounds into motion, and pull it a hundred yards."

„Wprawi w ruch tysiąc funtów i pociągnie sto jardów".

Matthewson smiled slowly and made sure all men heard his words.

Matthewson uśmiechnął się powoli i upewnił się, że wszyscy mężczyźni usłyszeli jego słowa.

"I've got a thousand dollars that says he can't. There it is."

„Mam tysiąc dolarów, które mówią, że nie może. Oto one."

He slammed a sack of gold dust the size of sausage on the bar.

Rzucił na bar worek wielkości kiełbasy wypełniony złotym pyłem.

Nobody said a word. The silence grew heavy and tense around them.

Nikt nie powiedział ani słowa. Cisza wokół nich stała się ciężka i napięta.

Thornton's bluff — if it was one — had been taken seriously.

Blef Thorntona — o ile można go było nazwać blefem — został potraktowany poważnie.

He felt heat rise in his face as blood rushed to his cheeks.

Poczuł, jak twarz mu się czerwieni, a policzki napływają mu do oczu.

His tongue had gotten ahead of his reason in that moment.

W tym momencie jego język wziął górę nad rozumem.

He truly didn't know if Buck could move a thousand pounds.

Naprawdę nie wiedział, czy Buck będzie w stanie przetransportować tysiąc funtów.

Half a ton! The size of it alone made his heart feel heavy.

Pół tony! Już sam rozmiar sprawił, że jego serce zrobiło się ciężkie.

He had faith in Buck's strength and had thought him capable.

Wierzył w siłę Bucka i wierzył, że jest do tego zdolny.

But he had never faced this kind of challenge, not like this.

Ale nigdy wcześniej nie stanął przed takim wyzwaniem, nie w taki sposób.

A dozen men watched him quietly, waiting to see what he'd do.

Kilkunastu mężczyzn obserwowało go w milczeniu, czekając na to, co zrobi.

He didn't have the money—neither did Hans or Pete.

Nie miał pieniędzy, podobnie jak Hans i Pete.

"I've got a sled outside," said Matthewson coldly and direct.

„Mam sanki na zewnątrz" – powiedział Matthewson chłodno i bezpośrednio.

"It's loaded with twenty sacks, fifty pounds each, all flour.

„Jest tam dwadzieścia worków, każdy po pięćdziesiąt funtów, wszystkie wypełnione mąką.

So don't let a missing sled be your excuse now," he added.

Więc nie pozwól, żeby zgubione sanki stały się teraz twoją wymówką" – dodał.

Thornton stood silent. He didn't know what words to offer.

Thornton stał w milczeniu. Nie wiedział, jakie słowa zaproponować.

He looked around at the faces without seeing them clearly.

Rozejrzał się po twarzach, ale nie widział ich wyraźnie.

He looked like a man frozen in thought, trying to restart.

Wyglądał jak człowiek zamrożony w myślach, próbujący zacząć od nowa.

Then he saw Jim O'Brien, a friend from the Mastodon days.

Potem zobaczył Jima O'Briena, przyjaciela z czasów Mastodona.

That familiar face gave him courage he didn't know he had.

Ta znajoma twarz dodała mu odwagi, o której istnieniu nie miał pojęcia.

He turned and asked in a low voice, "Can you lend me a thousand?"

Odwrócił się i zapytał cichym głosem: „Czy możesz pożyczyć mi tysiąc?"

"Sure," said O'Brien, dropping a heavy sack by the gold already.

„Jasne" – powiedział O'Brien, upuszczając już ciężki worek obok złota.

"But truthfully, John, I don't believe the beast can do this."

„Ale szczerze mówiąc, John, nie wierzę, że bestia jest w stanie to zrobić".

Everyone in the Eldorado Saloon rushed outside to see the event.

Wszyscy obecni w Eldorado Saloon wybiegli na zewnątrz, żeby zobaczyć wydarzenie.

They left tables and drinks, and even the games were paused.

Zostawili stoły i napoje, a nawet gry zostały przerwane.

Dealers and gamblers came to witness the bold wager's end.

Krupierzy i hazardziści przybyli, aby być świadkami końca śmiałego zakładu.

Hundreds gathered around the sled in the icy open street.

Setki osób zebrały się wokół sań na oblodzonej ulicy.

Matthewson's sled stood with a full load of flour sacks.

Sanie Matthewsona były załadowane workami z mąką

The sled had been sitting for hours in minus temperatures.

Sanie stały przez wiele godzin w ujemnych temperaturach.

The sled's runners were frozen tight to the packed-down snow.

Płozy sań były przymarznięte do ubitego śniegu.

Men offered two-to-one odds that Buck could not move the sled.

Mężczyźni dawali dwa do jednego szansy, że Buck nie zdoła ruszyć sań.

A dispute broke out about what "break out" really meant.

Wybuchł spór o to, co tak naprawdę oznacza „break out".

O'Brien said Thornton should loosen the sled's frozen base.

O'Brien powiedział, że Thornton powinien poluzować zamarzniętą podstawę sań.

Buck could then "break out" from a solid, motionless start.

Buck mógł wtedy „wyrwać się" z solidnego, nieruchomego startu.

Matthewson argued the dog must break the runners free too.

Matthewson argumentował, że pies musi uwolnić również biegaczy.

The men who had heard the bet agreed with Matthewson's view.

Mężczyźni, którzy słyszeli o zakładzie, zgodzili się z poglądem Matthewsona.

With that ruling, the odds jumped to three-to-one against Buck.

Po tym orzeczeniu szanse Bucka wzrosły do trzech do jednego.

No one stepped forward to take the growing three-to-one odds.

Nikt nie wystąpił, by zniwelować rosnący stosunek szans trzech do jednego.

Not a single man believed Buck could perform the great feat.

Nikt nie wierzył, że Buck będzie w stanie dokonać tak wielkiego wyczynu.

Thornton had been rushed into the bet, heavy with doubts.

Thornton został wciągnięty w zakład pełen wątpliwości.

Now he looked at the sled and the ten-dog team beside it.

Teraz spojrzał na sanie i jadący obok nich zaprzęg złożony z dziesięciu psów.

Seeing the reality of the task made it seem more impossible.

Realność zadania sprawiła, że wydało się ono jeszcze bardziej niemożliwe do wykonania.

Matthewson was full of pride and confidence in that moment.

W tym momencie Matthewson był pełen dumy i pewności siebie.

"Three to one!" he shouted. "I'll bet another thousand, Thornton!

„Trzy do jednego!" krzyknął. „Założę się o kolejny tysiąc, Thornton!

What do you say?" he added, loud enough for all to hear.

Co mówisz?" – dodał wystarczająco głośno, aby wszyscy mogli go usłyszeć.

Thornton's face showed his doubts, but his spirit had risen.

Na twarzy Thorntona malowały się wątpliwości, lecz jego duch był silniejszy.

That fighting spirit ignored odds and feared nothing at all.

Ten duch walki ignorował przeciwności losu i nie bał się niczego.

He called Hans and Pete to bring all their cash to the table.

Zadzwonił do Hansa i Pete'a, żeby postawili wszystkie swoje pieniądze na stole.

They had little left—only two hundred dollars combined.

Zostało im niewiele — łącznie tylko dwieście dolarów.

This small sum was their total fortune during hard times.

Ta niewielka suma stanowiła ich cały majątek w trudnych czasach.

Still, they laid all of the fortune down against Matthewson's bet.

Mimo to postawili cały majątek przeciwko zakładowi Matthewsona.

The ten-dog team was unhitched and moved away from the sled.

Zaprzęg złożony z dziesięciu psów został odczepiony i odsunął się od sań.

Buck was placed in the reins, wearing his familiar harness.

Bucka posadzili na lejcach i założyli mu znaną uprząż.

He had caught the energy of the crowd and felt the tension.

Wyczuł energię tłumu i napięcie.

Somehow, he knew he had to do something for John Thornton.

W jakiś sposób wiedział, że musi coś zrobić dla Johna Thorntona.

People murmured with admiration at the dog's proud figure.

Ludzie wyrażali podziw, widząc dumną sylwetkę psa.

He was lean and strong, without a single extra ounce of flesh.

Był szczupły i silny, nie miał ani grama zbędnego ciała.

His full weight of hundred fifty pounds was all power and endurance.

Jego masa całkowita, wynosząca sto pięćdziesiąt funtów, odzwierciedlała siłę i wytrzymałość.

Buck's coat gleamed like silk, thick with health and strength.

Sierść Bucka lśniła jak jedwab, gęsta od zdrowia i siły.

The fur along his neck and shoulders seemed to lift and bristle.

Sierść na jego szyi i ramionach zdawała się unosić i jeżyć.

His mane moved slightly, each hair alive with his great energy.

Jego grzywa lekko się poruszała, każdy włos był ożywiony jego ogromną energią.

His broad chest and strong legs matched his heavy, tough frame.

Jego szeroka klatka piersiowa i silne nogi pasowały do jego ciężkiej, wytrzymałej sylwetki.

Muscles rippled under his coat, tight and firm as bound iron.

Mięśnie napinały się pod jego płaszczem, napięte i sztywne niczym żelazne obręcze.

Men touched him and swore he was built like a steel machine.

Mężczyźni dotykali go i przysięgali, że jest zbudowany jak stalowa maszyna.

The odds dropped slightly to two to one against the great dog.

Szanse nieznacznie spadły do dwóch do jednego na
niekorzyść wielkiego psa.

**A man from the Skookum Benches pushed forward,
stuttering.**

Mężczyzna ze Skookum Benches ruszył naprzód, jąkając się.

**"Good, sir! I offer eight hundred for him — before the test,
sir!"**

„Dobrze, proszę pana! Oferuję za niego osiemset — przed
testem, proszę pana!"

"Eight hundred, as he stands right now!" the man insisted.

„Osiemset, tak jak stoi teraz!" – upierał się mężczyzna.

**Thornton stepped forward, smiled, and shook his head
calmly.**

Thornton zrobił krok naprzód, uśmiechnął się i spokojnie
pokręcił głową.

**Matthewson quickly stepped in with a warning voice and
frown.**

Matthewson szybko zareagował, ostrzegawczo mówiąc:

"You must step away from him," he said. "Give him space."

„Musisz się od niego odsunąć" – powiedział. „Daj mu
przestrzeń".

**The crowd grew silent; only gamblers still offered two to
one.**

Tłum ucichł; tylko hazardziści oferowali dwa do jednego.

**Everyone admired Buck's build, but the load looked too
great.**

Wszyscy podziwiali sylwetkę Bucka, ale ładunek wydawał się
zbyt duży.

**Twenty sacks of flour — each fifty pounds in weight —
seemed far too much.**

Dwadzieścia worków mąki — każdy ważący pięćdziesiąt
funtów — wydawało się o wiele za dużo.

**No one was willing to open their pouch and risk their
money.**

Nikt nie chciał otwierać sakiewki i ryzykować pieniędzy.

**Thornton knelt beside Buck and took his head in both
hands.**

Thornton uklęknął obok Bucka i ujął jego głowę obiema dłońmi.

He pressed his cheek against Buck's and spoke into his ear.

Przycisnął policzek do policzka Bucka i zaczął mu mówić do ucha.

There was no playful shaking or whispered loving insults now.

Teraz nie było już żartobliwego potrząsania ani szeptanych czułych obelg.

He only murmured softly, "As much as you love me, Buck."

Wymamrotał tylko cicho: „Tak samo jak ty mnie kochasz, Buck".

Buck let out a quiet whine, his eagerness barely restrained.

Buck wydał z siebie cichy jęk, ledwo powstrzymując swoją ekscytację.

The onlookers watched with curiosity as tension filled the air.

Widzowie z ciekawością obserwowali, jak napięcie unosiło się w powietrzu.

The moment felt almost unreal, like something beyond reason.

Ta chwila wydawała się prawie nierealna, jakby wykraczała poza granice rozsądku.

When Thornton stood, Buck gently took his hand in his jaws.

Kiedy Thornton wstał, Buck delikatnie ujął jego dłoń w szczęki.

He pressed down with his teeth, then let go slowly and gently.

Nacisnął zębami, a potem powoli i delikatnie puścił.

It was a silent answer of love, not spoken, but understood.

Była to cicha odpowiedź miłości, niewypowiedziana, lecz zrozumiana.

Thornton stepped well back from the dog and gave the signal.

Thornton odsunął się od psa i dał mu sygnał.

"Now, Buck," he said, and Buck responded with focused calm.

„No, Buck" – powiedział, a Buck odpowiedział mu ze skupionym spokojem.

Buck tightened the traces, then loosened them by a few inches.

Buck zacisnął sznurki, a potem poluzował je o kilka cali.

This was the method he had learned; his way to break the sled.

To była metoda, której się nauczył; jego sposób na zepsucie sań.

"Gee!" Thornton shouted, his voice sharp in the heavy silence.

„Ojej!" krzyknął Thornton ostrym głosem w ciężkiej ciszy.

Buck turned to the right and lunged with all of his weight.

Buck obrócił się w prawo i rzucił się do przodu, wykorzystując cały swój ciężar.

The slack vanished, and Buck's full mass hit the tight traces.

Luz zniknął, a cała masa Bucka uderzyła w napięte linki.

The sled trembled, and the runners made a crisp crackling sound.

Sanie zadrżały, a płozy wydały głośny trzask.

"Haw!" Thornton commanded, shifting Buck's direction again.

„Haw!" – rozkazał Thornton, ponownie zmieniając kierunek Bucka.

Buck repeated the move, this time pulling sharply to the left.

Buck powtórzył ruch, tym razem skręcając ostro w lewo.

The sled cracked louder, the runners snapping and shifting.

Sanki trzaskały coraz głośniej, płozy pękały i przesuwały się.

The heavy load slid slightly sideways across the frozen snow.

Ciężki ładunek lekko się przesuwał na boki po zamarzniętym śniegu.

The sled had broken free from the grip of the icy trail!

Sanki wyrwały się z uchwytu oblodzonej ścieżki!

Men held their breath, unaware they were not even breathing.

Mężczyźni wstrzymywali oddech, nie zdając sobie sprawy, że nie oddychają.

"Now, PULL!" Thornton cried out across the frozen silence.

„Teraz CIĄGNIJ!" Thornton krzyknął przez mroźną ciszę.

Thornton's command rang out sharp, like the crack of a whip.

Rozkaz Thorntona zabrzmiał ostro, jak trzask bicza.

Buck hurled himself forward with a fierce and jarring lunge.

Buck rzucił się do przodu, wykonując gwałtowny i wstrząsający atak.

His whole frame tensed and bunched for the massive strain.

Całe jego ciało było napięte i zmarszczone, pod wpływem ogromnego obciążenia.

Muscles rippled under his fur like serpents coming alive.

Mięśnie napinały się pod jego futrem niczym ożywione węże.

His great chest was low, head stretched forward toward the sled.

Jego wielka klatka piersiowa była nisko opuszczona, a głowa wyciągnięta do przodu w kierunku sań.

His paws moved like lightning, claws slicing the frozen ground.

Jego łapy poruszały się błyskawicznie, pazury przecinały zamarzniętą ziemię.

Grooves were cut deep as he fought for every inch of traction.

Walcząc o każdy centymetr przyczepności, pozostawił sobie głębokie koleiny.

The sled rocked, trembled, and began a slow, uneasy motion.

Sanie zakołysały się, zadrżały i zaczęły poruszać się powoli i niespokojnie.

One foot slipped, and a man in the crowd groaned aloud.

Jedna noga się poślizgnęła i jakiś mężczyzna w tłumie jęknął głośno.

Then the sled lunged forward in a jerking, rough movement.

Następnie sanie ruszyły do przodu szarpniętym, gwałtownym ruchem.

It didn't stop again—half an inch...an inch...two inches more.

Nie zatrzymało się już – jeszcze pół cala, cal, dwa cale.

The jerks became smaller as the sled began to gather speed.

Szarpnięcia stawały się coraz słabsze, w miarę jak sanie nabierały prędkości.

Soon Buck was pulling with smooth, even, rolling power.

Wkrótce Buck ciągnął już płynnie i równomiernie.

Men gasped and finally remembered to breathe again.

Mężczyźni z trudem łapali oddech i w końcu przypomnieli sobie, że muszą oddychać.

They had not noticed their breath had stopped in awe.

Nie zauważyli, że ze zdumienia zaparło im dech w piersiach.

Thornton ran behind, calling out short, cheerful commands.

Thornton pobiegł za nim, wydając krótkie, wesołe polecenia.

Ahead was a stack of firewood that marked the distance.

Przed nami znajdował się stos drewna na opał, który wyznaczał odległość.

As Buck neared the pile, the cheering grew louder and louder.

W miarę jak Buck zbliżał się do stosu, wiwaty stawały się coraz głośniejsze.

The cheering swelled into a roar as Buck passed the end point.

Okrzyki radości przerodziły się w ryk, gdy Buck minął punkt końcowy.

Men jumped and shouted, even Matthewson broke into a grin.

Mężczyźni podskoczyli i krzyczeli, nawet Matthewson się uśmiechnął.

Hats flew into the air, mittens were tossed without thought or aim.

Kapelusze wzbiły się w powietrze, rękawice poleciały bez zastanowienia i celu.

Men grabbed each other and shook hands without knowing who.

Mężczyźni chwytali się za ręce i ściskali sobie dłonie, nie wiedząc kto.

The whole crowd buzzed in wild, joyful celebration.

Cały tłum szalał z radości i entuzjazmu.

Thornton dropped to his knees beside Buck with trembling hands.

Thornton padł na kolana obok Bucka, drżącymi rękami.

He pressed his head to Buck's and shook him gently back and forth.

Przycisnął głowę do głowy Bucka i delikatnie potrząsnął nim w przód i w tył.

Those who approached heard him curse the dog with quiet love.

Ci, którzy się zbliżyli, usłyszeli, jak przeklinał psa z cichą miłością.

He swore at Buck for a long time—softly, warmly, with emotion.

Przeklinał Bucka przez długi czas — cicho, serdecznie, z emocjami.

"Good, sir! Good, sir!" cried the Skookum Bench king in a rush.

„Dobrze, panie! Dobrze, panie!" krzyknął pośpiesznie król ławy Skookum.

"I'll give you a thousand—no, twelve hundred—for that dog, sir!"

„Dam panu tysiąc — nie, tysiąc dwieście — za tego psa, panie!"

Thornton rose slowly to his feet, his eyes shining with emotion.

Thornton powoli podniósł się, a jego oczy błyszczały emocją.

Tears streamed openly down his cheeks without any shame.

Łzy spływały mu po policzkach bez żadnego wstydu.

"Sir," he said to the Skookum Bench king, steady and firm

„Panie" – powiedział do króla ławy Skookum, stanowczo i stanowczo

"No, sir. You can go to hell, sir. That's my final answer."

„Nie, proszę pana. Może pan iść do diabła, proszę pana. To moja ostateczna odpowiedź".

Buck grabbed Thornton's hand gently in his strong jaws.

Buck delikatnie chwycił dłoń Thorntona swoimi silnymi szczękami.

Thornton shook him playfully, their bond deep as ever.

Thornton potrząsnął nim żartobliwie. Ich więź była głęboka jak zawsze.

The crowd, moved by the moment, stepped back in silence.

Tłum, poruszony chwilą, cofnął się w milczeniu.

From then on, none dared interrupt such sacred affection.

Od tamtej pory nikt nie odważył się przerwać tej świętej miłości.

The Sound of the Call
Dźwięk wezwania

Buck had earned sixteen hundred dollars in five minutes.
Buck zarobił tysiąc szesnaścieset dolarów w pięć minut.
The money let John Thornton pay off some of his debts.
Dzięki tym pieniądzom John Thornton mógł spłacić część
swoich długów.
With the rest of the money he headed East with his partners.
Za resztę pieniędzy udał się ze swoimi wspólnikami na
Wschód.
They sought a fabled lost mine, as old as the country itself.
Szukali legendarnej, zaginionej kopalni, tak starej jak sam kraj.
**Many men had looked for the mine, but few had ever found
it.**
Wielu mężczyzn szukało kopalni, lecz niewielu ją znalazło.
**More than a few men had vanished during the dangerous
quest.**
Podczas tej niebezpiecznej wyprawy zniknęło wielu
mężczyzn.
**This lost mine was wrapped in both mystery and old
tragedy.**
Ta zaginiona kopalnia była owiana tajemnicą i dawną
tragedią.
No one knew who the first man to find the mine had been.
Nikt nie wiedział, kto pierwszy odkrył kopalnię.
The oldest stories don't mention anyone by name.
Najstarsze opowieści nie wymieniają nikogo po imieniu.
There had always been an ancient ramshackle cabin there.
Zawsze stała tam stara, rozpadająca się chata.
**Dying men had sworn there was a mine next to that old
cabin.**
Umierający mężczyźni przysięgali, że obok starej chaty
znajdowała się kopalnia.
**They proved their stories with gold like none found
elsewhere.**

Udowodnili swoje opowieści złotem, jakiego nie znaleziono nigdzie indziej.

No living soul had ever looted the treasure from that place.

Żadna żywa istota nigdy nie ukradła skarbu z tego miejsca.

The dead were dead, and dead men tell no tales.

Umarli byli martwi, a umarli nie opowiadają historii.

So Thornton and his friends headed into the East.

Thornton i jego przyjaciele udali się więc na Wschód.

Pete and Hans joined, bringing Buck and six strong dogs.

Dołączyli do nich Pete i Hans, zabierając ze sobą Bucka i sześć silnych psów.

They set off down an unknown trail where others had failed.

Wyruszyli nieznanym szlakiem, na którym inni zawiedli.

They sledded seventy miles up the frozen Yukon River.

Zjechali na sankach siedemdziesiąt mil w górę zamarzniętej rzeki Jukon.

They turned left and followed the trail into the Stewart.

Skręcili w lewo i podążyli szlakiem do Stewart.

They passed the Mayo and McQuestion, pressing farther on.

Minęli Mayo i McQuestion i poszli dalej.

The Stewart shrank into a stream, threading jagged peaks.

Rzeka Stewart zamieniła się w strumień, wijący się wśród poszarpanych szczytów.

These sharp peaks marked the very spine of the continent.

Te ostre szczyty stanowiły trzon kontynentu.

John Thornton demanded little from men or the wild land.

John Thornton nie wymagał wiele od ludzi i dzikiej przyrody.

He feared nothing in nature and faced the wild with ease.

Nie bał się niczego w przyrodzie i z łatwością stawiał czoła dzikiej przyrodzie.

With only salt and a rifle, he could travel where he wished.

Mając jedynie sól i karabin, mógł podróżować, dokąd chciał.

Like the natives, he hunted food while he journeyed along.

Podobnie jak tubylcy, polował w trakcie podróży, aby zdobyć pożywienie.

If he caught nothing, he kept going, trusting luck ahead.

Jeżeli nic nie złowił, szedł dalej, licząc na szczęście.

On this long journey, meat was the main thing they ate.

W czasie tej długiej podróży ich głównym pożywieniem było mięso.

The sled held tools and ammo, but no strict timetable.

Na saniach znajdowały się narzędzia i amunicja, ale nie podano żadnego konkretnego rozkładu jazdy.

Buck loved this wandering; the endless hunt and fishing.

Buck uwielbiał te wędrówki, niekończące się polowania i łowienie ryb.

For weeks they were traveling day after steady day.

Przez tygodnie podróżowali dzień po dniu.

Other times they made camps and stayed still for weeks.

Innym razem zakładali obozy i pozostawali w miejscu przez wiele tygodni.

The dogs rested while the men dug through frozen dirt.

Psy odpoczywały, podczas gdy mężczyźni kopali w zamarzniętej ziemi.

They warmed pans over fires and searched for hidden gold.

Rozgrzewali patelnie nad ogniem i szukali ukrytego złota.

Some days they starved, and some days they had feasts.

Czasem głodowali, a czasem urządzali uczty.

Their meals depended on the game and the luck of the hunt.

Ich wyżywienie zależało od upolowanej zwierzyny i szczęścia podczas polowania.

When summer came, men and dogs packed loads on their backs.

Kiedy nadeszło lato, mężczyźni i psy pakowali ładunki na plecy.

They rafted across blue lakes hidden in mountain forests.

Spływali tratwami po błękitnych jeziorach ukrytych w górskich lasach.

They sailed slim boats on rivers no man had ever mapped.

Pływali smukłymi łódkami po rzekach, których żaden człowiek nigdy nie zmapował.

Those boats were built from trees they sawed in the wild.

Łodzie te budowano z drzew ściętych na wolności.

The months passed, and they twisted through the wild unknown lands.

Miesiące mijały, a oni przemierzali dzikie, nieznane krainy.

There were no men there, yet old traces hinted that men had been.

Nie było tam żadnych mężczyzn, jednak stare ślady wskazywały, że byli tam kiedyś.

If the Lost Cabin was real, then others had once come this way.

Jeśli Zaginiona Chata istniała naprawdę, to znaczy, że inni też kiedyś tędy przechodzili.

They crossed high passes in blizzards, even during the summer.

Przemierzali wysokie przełęcze w czasie zamieci, nawet latem.

They shivered under the midnight sun on bare mountain slopes.

Trzęsli się z zimna pod północnym słońcem na nagich zboczach gór.

Between the treeline and the snowfields, they climbed slowly.

Powoli wspinali się między linią drzew a polami śnieżnymi.

In warm valleys, they swatted at clouds of gnats and flies.

W ciepłych dolinach odganiali chmary meszek i much.

They picked sweet berries near glaciers in full summer bloom.

Zbierali słodkie jagody w pobliżu lodowców, w pełnym rozkwicie lata.

The flowers they found were as lovely as those in the Southland.

Kwiaty, które znaleźli, były równie piękne jak te w Southland.

That fall they reached a lonely region filled with silent lakes.

Jesienią dotarli do odludnego regionu pełnego cichych jezior.

The land was sad and empty, once alive with birds and beasts.

Kraj był smutny i pusty, kiedyś pełen ptaków i zwierząt.

Now there was no life, just the wind and ice forming in pools.

Teraz nie było już żadnego życia, tylko wiatr i lód tworzący się w kałużach.

Waves lapped against empty shores with a soft, mournful sound.

Fale uderzały o puste brzegi z cichym, żałobnym dźwiękiem.

Another winter came, and they followed faint, old trails again.

Nadeszła kolejna zima i znów podążali starymi, niewyraźnymi szlakami.

These were the trails of men who had searched long before them.

To były ślady ludzi, którzy szukali tu na długo przed nimi.

Once they found a path cut deep into the dark forest.

Pewnego razu znaleźli ścieżkę prowadzącą głęboko w ciemny las.

It was an old trail, and they felt the lost cabin was close.

To był stary szlak i czuli, że zaginiona chata jest blisko.

But the trail led nowhere and faded into the thick woods.

Ale trop nie prowadził donikąd i nikł w gęstym lesie.

Whoever made the trail, and why they made it, no one knew.

Nikt nie wiedział, kto stworzył ten szlak i w jakim celu.

Later, they found the wreck of a lodge hidden among the trees.

Później odnaleźli wrak domku letniskowego ukryty wśród drzew.

Rotting blankets lay scattered where someone once had slept.

Gnijące koce leżały porozrzucane w miejscu, w którym ktoś kiedyś spał.

John Thornton found a long-barreled flintlock buried inside.

John Thornton znalazł wewnątrz zakopany pistolet skałkowy o długiej lufie.

He knew this was a Hudson Bay gun from early trading days.

Wiedział, że to broń z Zatoki Hudsona, już od początków handlu.

In those days such guns were traded for stacks of beaver skins.

W tamtych czasach taką broń wymieniano na stosy skór bobrowych.

That was all—no clue remained of the man who built the lodge.

To było wszystko — nie pozostał żaden ślad po człowieku, który zbudował ten ośrodek.

Spring came again, and they found no sign of the Lost Cabin.

Wiosna nadeszła ponownie, a oni nie znaleźli żadnego śladu Zaginionej Chaty.

Instead they found a broad valley with a shallow stream.

Zamiast tego znaleźli szeroką dolinę z płytkim strumieniem.

Gold lay across the pan bottoms like smooth, yellow butter.

Złoto rozłożyło się na dnie patelni niczym gładkie, żółte masło.

They stopped there and searched no farther for the cabin.

Zatrzymali się tam i nie szukali już dalej chaty.

Each day they worked and found thousands in gold dust.

Każdego dnia pracowali i znajdowali tysiące złotych monet w pyle.

They packed the gold in bags of moose-hide, fifty pounds each.

Zapakowali złoto do worków ze skóry łosia, każdy po pięćdziesiąt funtów.

The bags were stacked like firewood outside their small lodge.

Torby ułożono w stosy niczym drewno na opał przed ich małym domkiem.

They worked like giants, and the days passed like quick dreams.

Pracowali jak giganci, a dni mijały jak szybkie sny.

They heaped up treasure as the endless days rolled swiftly by.

Gromadzili skarby, a dni mijały szybko i bez końca.

There was little for the dogs to do except haul meat now and then.

Psy nie miały praktycznie nic do roboty, poza od czasu do czasu dźwiganiem mięsa.

Thornton hunted and killed the game, and Buck lay by the fire.

Thornton upolował i zabił zwierzynę, a Buck położył się przy ogniu.

He spent long hours in silence, lost in thought and memory.

Spędzał długie godziny w milczeniu, pogrążony w myślach i wspomnieniach.

The image of the hairy man came more often into Buck's mind.

Obraz kudłatego mężczyzny coraz częściej pojawiał się w umyśle Bucka.

Now that work was scarce, Buck dreamed while blinking at the fire.

Teraz, gdy pracy było coraz mniej, Buck, mrugając oczami, oddawał się marzeniom.

In those dreams, Buck wandered with the man in another world.

W tych snach Buck wędrował z mężczyzną po innym świecie.

Fear seemed the strongest feeling in that distant world.

Strach zdawał się być najsilniejszym uczuciem w tym odległym świecie.

Buck saw the hairy man sleep with his head bowed low.

Buck zobaczył, że kudłaty mężczyzna śpi z nisko pochyloną głową.

His hands were clasped, and his sleep was restless and broken.

Miał splecione ręce, a sen był niespokojny i przerywany.

He used to wake with a start and stare fearfully into the dark.

Zwykle budził się nagle i z przestrachem wpatrywał się w ciemność.

Then he'd toss more wood onto the fire to keep the flame bright.

Następnie dorzucał drewna do ognia, żeby podtrzymać płomień.

Sometimes they walked along a beach by a gray, endless sea.

Czasami spacerowali po plaży wzdłuż szarego, bezkresnego morza.

The hairy man picked shellfish and ate them as he walked.

Włochaty mężczyzna zbierał skorupiaki i jadł je po drodze.

His eyes searched always for hidden dangers in the shadows.

Jego oczy zawsze wypatrywały ukrytych w cieniu niebezpieczeństw.

His legs were always ready to sprint at the first sign of threat.

Jego nogi były zawsze gotowe do sprintu przy pierwszym sygnale zagrożenia.

They crept through the forest, silent and wary, side by side.

Przekradali się przez las, cicho i ostrożnie, ramię w ramię.

Buck followed at his heels, and both of them stayed alert.

Buck podążał za nim i obaj pozostali czujni.

Their ears twitched and moved, their noses sniffed the air.

Ich uszy drgały i poruszały się, ich nosy węszyły powietrze.

The man could hear and smell the forest as sharply as Buck.

Mężczyzna słyszał i czuł zapach lasu tak samo wyraźnie jak Buck.

The hairy man swung through the trees with sudden speed.

Włochaty mężczyzna z nagłą prędkością przemknął między drzewami.

He leapt from branch to branch, never missing his grip.

Skakał z gałęzi na gałąź, ani razu nie puszczając chwytu.

He moved as fast above the ground as he did upon it.

Poruszał się nad ziemią równie szybko, jak na niej.

Buck remembered long nights beneath the trees, keeping watch.

Buck wspominał długie noce spędzone pod drzewami i czuwanie.

The man slept roosting in the branches, clinging tight.

Mężczyzna spał w gałęziach, kurczowo się ich trzymając.

This vision of the hairy man was tied closely to the deep call.

Wizja owłosionego mężczyzny była ściśle związana z głębokim nawoływaniem.

The call still sounded through the forest with haunting force.

Głos wciąż rozbrzmiewał w lesie z niepokojącą siłą.

The call filled Buck with longing and a restless sense of joy.

Rozmowa ta napełniła Bucka tęsknotą i niespokojnym poczuciem radości.

He felt strange urges and stirrings that he could not name.

Poczuł dziwne impulsy i poruszenia, których nie potrafił nazwać.

Sometimes he followed the call deep into the quiet woods.

Czasami podążał za wołaniem głęboko w cichy las.

He searched for the calling, barking softly or sharply as he went.

Szukał wołania, szczekając cicho lub ostro.

He sniffed the moss and black soil where the grasses grew.

Wąchał mech i czarną glebę, gdzie rosła trawa.

He snorted with delight at the rich smells of the deep earth.

Zachichotał z zachwytu, czując bogate zapachy głębokiej ziemi.

He crouched for hours behind trunks covered in fungus.

Godzinami przesiadywał w kucki za pniami pokrytymi grzybem.

He stayed still, listening wide-eyed to every tiny sound.

Pozostał nieruchomo, szeroko otwartymi oczami nasłuchując każdego, najmniejszego dźwięku.

He may have hoped to surprise the thing that gave the call.

Mógł mieć nadzieję, że zaskoczy istotę, która zadzwoniła.

He did not know why he acted this way—he simply did.

Nie wiedział, dlaczego tak się zachował – po prostu tak zrobił.

The urges came from deep within, beyond thought or reason.

Impulsy te pochodziły z głębi, wykraczały poza myśl i rozum.

Irresistible urges took hold of Buck without warning or reason.

Nieodparte pragnienia opanowały Bucka bez ostrzeżenia i bez powodu.

At times he was dozing lazily in camp under the midday heat.

Czasami drzemał leniwie w obozie, w południowym upale.

Suddenly, his head lifted and his ears shoot up alert.

Nagle podniósł głowę i nastawił uszy.

Then he sprang up and dash into the wild without pause.

Po czym zerwał się na nogi i bez zatrzymywania pobiegł w dzicz.

He ran for hours through forest paths and open spaces.

Biegał godzinami po leśnych ścieżkach i otwartych przestrzeniach.

He loved to follow dry creek beds and spy on birds in the trees.

Uwielbiał podążać za wyschniętymi korytami rzek i podglądać ptaki na drzewach.

He could lie hidden all day, watching partridges strut around.

Mógł cały dzień leżeć w ukryciu i obserwować przechadzające się dookoła kuropatwy.

They drummed and marched, unaware of Buck's still presence.

Bębnili i maszerowali, nieświadomi ciągłej obecności Bucka.

But what he loved most was running at twilight in summer.

Ale najbardziej lubił biegać o zmierzchu, latem.

The dim light and sleepy forest sounds filled him with joy.

Słabe światło i odgłosy sennego lasu napełniły go radością.

He read the forest signs as clearly as a man reads a book.

Odczytywał znaki leśne tak wyraźnie, jak człowiek czyta książkę.

And he searched always for the strange thing that called him.

I zawsze szukał tej dziwnej rzeczy, która go wzywała.

That calling never stopped—it reached him waking or sleeping.

To powołanie nigdy nie ustało – docierało do niego, czy spał, czy czuwał.

One night, he woke with a start, eyes sharp and ears high.

Pewnej nocy obudził się gwałtownie, z wyostrzonym wzrokiem i nastawionymi uszami.

His nostrils twitched as his mane stood bristling in waves.

Jego nozdrza drgały, a grzywa sterczała falami.

From deep in the forest came the sound again, the old call.

Z głębi lasu znów dobiegł dźwięk – stare wołanie.

This time the sound rang clearly, a long, haunting, familiar howl.

Tym razem dźwięk zabrzmiał wyraźnie - długie, przejmujące, znajome wycie.

It was like a husky's cry, but strange and wild in tone.

Brzmiało to jak krzyk husky'ego, ale dziwnie i dziko.

Buck knew the sound at once—he had heard the exact sound long ago.

Buck rozpoznał ten dźwięk od razu – słyszał go już dawno temu.

He leapt through camp and vanished swiftly into the woods.

Przeskoczył obóz i szybko zniknął w lesie.

As he neared the sound, he slowed and moved with care.

Zbliżając się do źródła dźwięku, zwolnił i zaczął poruszać się ostrożnie.

Soon he reached a clearing between thick pine trees.

Wkrótce dotarł do polany między gęstymi sosnami.

There, upright on its haunches, sat a tall, lean timber wolf.

Tam, wyprostowany na zadzie, siedział wysoki, chudy wilk leśny.

The wolf's nose pointed skyward, still echoing the call.

Nos wilka skierowany był ku niebu, wciąż powtarzając wołanie.

Buck had made no sound, yet the wolf stopped and listened.

Buck nie wydał żadnego dźwięku, jednak wilk zatrzymał się i nasłuchiwał.

Sensing something, the wolf tensed, searching the darkness.

Wyczuwając coś, wilk napiął się i zaczął przeszukiwać ciemność.

Buck crept into view, body low, feet quiet on the ground.

Buck pojawił się w zasięgu wzroku, pochylony nisko i cicho stawiając stopy na ziemi.

His tail was straight, his body coiled tight with tension.

Jego ogon był prosty, a ciało ciasno napięte.

He showed both threat and a kind of rough friendship.

Wykazywał zarówno groźbę, jak i rodzaj szorstkiej przyjaźni.

It was the wary greeting shared by beasts of the wild.

Było to ostrożne powitanie, jakim witały się dzikie zwierzęta.

But the wolf turned and fled as soon as it saw Buck.

Ale wilk odwrócił się i uciekł, gdy tylko zobaczył Bucka.

Buck gave chase, leaping wildly, eager to overtake it.

Buck rzucił się w pogoń, skacząc jak szalony, chcąc ją dogonić.

He followed the wolf into a dry creek blocked by a timber jam.

Poszedł za wilkiem do wyschniętego strumienia zablokowanego zatorem drzewnym.

Cornered, the wolf spun around and stood its ground.

Przyparty do muru wilk odwrócił się i stanął na swoim miejscu.

The wolf snarled and snapped like a trapped husky dog in a fight.

Wilk warczał i kłapał zębami jak schwytany w pułapkę pies husky w walce.

The wolf's teeth clicked fast, its body bristling with wild fury.

Zęby wilka szczękały szybko, jego ciało aż kipiało dziką furią.

Buck did not attack but circled the wolf with careful friendliness.

Buck nie zaatakował, lecz okrążył wilka z ostrożną i przyjazną miną.

He tried to block his escape by slow, harmless movements.

Próbował zablokować mu ucieczkę powolnymi, niegroźnymi ruchami.

The wolf was wary and scared—Buck outweighed him three times.

Wilk był ostrożny i przestraszony — Buck przewyższał go wagą trzykrotnie.

The wolf's head barely reached up to Buck's massive shoulder.

Głowa wilka ledwo sięgała potężnego ramienia Bucka.

Watching for a gap, the wolf bolted and the chase began again.

Wypatrując luki, wilk rzucił się do ucieczki, a pościg rozpoczął się na nowo.

Several times Buck cornered him, and the dance repeated.

Buck kilkakrotnie go osaczył, a taniec się powtórzył.

The wolf was thin and weak, or Buck could not have caught him.

Wilk był chudy i słaby, w przeciwnym razie Buck nie mógłby go złapać.

Each time Buck drew near, the wolf spun and faced him in fear.

Za każdym razem, gdy Buck się zbliżał, wilk odwracał się i ze strachem stawał mu naprzeciw.

Then at the first chance, he dashed off into the woods once more.

Następnie, przy pierwszej nadarzającej się okazji, pobiegł ponownie do lasu.

But Buck did not give up, and finally the wolf came to trust him.

Jednak Buck się nie poddał i wilk w końcu zaczął mu ufać.

He sniffed Buck's nose, and the two grew playful and alert.

Powąchał nos Bucka, a obaj stali się chętni do zabawy i czujni.

They played like wild animals, fierce yet shy in their joy.

Bawili się jak dzikie zwierzęta, dzicy, ale nieśmiali w swojej radości.

After a while, the wolf trotted off with calm purpose.

Po chwili wilk spokojnie i zdecydowanie oddalił się.

He clearly showed Buck that he meant to be followed.

Wyraźnie pokazał Buckowi, że chce, aby go śledzono.

They ran side by side through the twilight gloom.

Biegli obok siebie w mrocznym półmroku.

They followed the creek bed up into the rocky gorge.

Podążali korytem potoku w górę skalistego wąwozu.

They crossed a cold divide where the stream had begun.

Przekroczyli zimny rozdział wody, gdzie swój początek miał potok.

On the far slope they found wide forest and many streams.

Na przeciwległym zboczu zobaczyli rozległy las i wiele strumieni.

Through this vast land, they ran for hours without stopping.

Przemierzali ten rozległy teren godzinami bez zatrzymywania się.

The sun rose higher, the air grew warm, but they ran on.

Słońce wznosiło się coraz wyżej, powietrze robiło się cieplejsze, ale oni biegli dalej.

Buck was filled with joy—he knew he was answering his calling.

Bucka przepełniła radość — wiedział, że odpowiada na swoje powołanie.

He ran beside his forest brother, closer to the call's source.

Pobiegł obok swego leśnego brata, bliżej źródła wołania.

Old feelings returned, powerful and hard to ignore.

Powróciły stare uczucia, silne i trudne do zignorowania.

These were the truths behind the memories from his dreams.

Takie właśnie prawdy kryły się za wspomnieniami z jego snów.

He had done all this before in a distant and shadowy world.

Wszystko to robił już wcześniej, w odległym i mrocznym świecie.

Now he did this again, running wild with the open sky above.

Teraz zrobił to znowu, biegając dziko, mając nad sobą otwarte niebo.

They stopped at a stream to drink from the cold flowing water.

Zatrzymali się przy strumieniu, aby napić się zimnej wody.

As he drank, Buck suddenly remembered John Thornton.

Pijąc, Buck nagle przypomniał sobie Johna Thorntona.

He sat down in silence, torn by the pull of loyalty and the calling.

Usiadł w milczeniu, rozdarty pragnieniem lojalności i powołania.

The wolf trotted on, but came back to urge Buck forward.

Wilk pobiegł dalej, ale wrócił i zmusił Bucka, by ruszył naprzód.

He sniffed his nose and tried to coax him with soft gestures.

Wciągnął nosem powietrze i próbował go nakłonić delikatnymi gestami.

But Buck turned around and started back the way he came.

Jednak Buck zawrócił i ruszył z powrotem tą samą drogą.

The wolf ran beside him for a long time, whining quietly.

Wilk biegł obok niego przez długi czas, cicho wyjąc.

Then he sat down, raised his nose, and let out a long howl.

Następnie usiadł, podniósł nos i wydał przeciągły wycie.

It was a mournful cry, softening as Buck walked away.

Był to żałosny krzyk, który stawał się coraz cichszy, gdy Buck odchodził.

Buck listened as the sound of the cry faded slowly into the forest silence.

Buck słuchał, jak dźwięk krzyku powoli cichł w leśnej ciszy.

John Thornton was eating dinner when Buck burst into the camp.

John Thornton jadł kolację, gdy Buck wpadł do obozu.

Buck leapt upon him wildly, licking, biting, and tumbling him.

Buck rzucił się na niego jak szalony, liżąc, gryząc i przewracając go.

He knocked him over, scrambled on top, and kissed his face.

Przewrócił go, wdrapał się na niego i pocałował go w twarz.

Thornton called this "playing the general tom-fool" with affection.

Thornton z sympatią nazywał to „bawieniem się w ogólnego błazna".

All the while, he cursed Buck gently and shook him back and forth.

Przez cały czas delikatnie przeklinał Bucka i potrząsał nim w przód i w tył.

For two whole days and nights, Buck never left the camp once.

Przez całe dwa dni i noce Buck ani razu nie opuścił obozu.

He kept close to Thornton and never let him out of his sight.

Trzymał się blisko Thorntona i nie spuszczał go z oczu.

He followed him as he worked and watched him while he ate.

Podążał za nim, gdy pracował i obserwował go, gdy jadł.

He saw Thornton into his blankets at night and out each morning.

Widział Thorntona zakrywającego się kocem wieczorem i każdego ranka wychodzącego.

But soon the forest call returned, louder than ever before.

Ale wkrótce leśny zew powrócił, głośniejszy niż kiedykolwiek wcześniej.

Buck grew restless again, stirred by thoughts of the wild wolf.

Buck znów zaczął się niepokoić, rozbudzony myślami o dzikim wilku.

He remembered the open land and running side by side.

Przypomniał sobie otwartą przestrzeń i bieganie ramię w ramię.

He began wandering into the forest once more, alone and alert.

Ponownie ruszył w głąb lasu, samotny i czujny.

But the wild brother did not return, and the howl was not heard.

Ale dziki brat nie powracał i wycia nie było słychać.

Buck started sleeping outside, staying away for days at a time.

Buck zaczął spać na zewnątrz i czasami nie wychodził na kilka dni.

Once he crossed the high divide where the creek had begun.

Pewnego razu przekroczył wysoki przełom, gdzie swój początek miał strumień.

He entered the land of dark timber and wide flowing streams.

Wkroczył do krainy ciemnych lasów i szeroko płynących strumieni.

For a week he roamed, searching for signs of the wild brother.

Przez tydzień wędrował w poszukiwaniu śladów dzikiego brata.

He killed his own meat and travelled with long, tireless strides.

Zabijał własne mięso i podróżował długimi, niestrudzonymi krokami.

He fished for salmon in a wide river that reached the sea.

Łowił łososie w szerokiej rzece, która wpadała do morza.

There, he fought and killed a black bear maddened by bugs.

Tam stoczył walkę i zabił czarnego niedźwiedzia, który był rozwścieczony insektami.

The bear had been fishing and ran blindly through the trees.

Niedźwiedź łowił ryby i biegał na oślep między drzewami.

The battle was a fierce one, waking Buck's deep fighting spirit up.

Bitwa była zacięta i obudziła w Bucku głębokiego ducha walki.

Two days later, Buck returned to find wolverines at his kill.

Dwa dni później Buck wrócił i zastał w miejscu swojej zdobyczy rosomaki.

A dozen of them quarreled over the meat in noisy fury.

Kilkunastu z nich kłóciło się wściekle o mięso.

Buck charged and scattered them like leaves in the wind.

Buck rzucił się do ataku i rozrzucił je niczym liście na wietrze.

Two wolves remained behind — silent, lifeless, and unmoving forever.

Dwa wilki pozostały – ciche, bez życia i nieruchome na zawsze.

The thirst for blood grew stronger than ever.

Pragnienie krwi było silniejsze niż kiedykolwiek.

Buck was a hunter, a killer, feeding off living creatures.

Buck był myśliwym i zabójcą, żywiącym się żywymi stworzeniami.

He survived alone, relying on his strength and sharp senses.

Przeżył sam, polegając na swojej sile i wyostrzonych zmysłach.

He thrived in the wild, where only the toughest could live.

Dobrze czuł się na wolności, gdzie mogli przeżyć tylko najtwardsi.

From this, a great pride rose up and filled Buck's whole being.

Z tego powodu wielka duma napełniła całą istotę Bucka.

His pride showed in his every step, in the ripple of every muscle.

Jego duma była widoczna na każdym kroku, w ruchu każdego mięśnia.

His pride was as clear as speech, seen in how he carried himself.

Jego duma była tak wyraźna jak mowa, o czym można było się przekonać w sposobie, w jaki się zachowywał.

Even his thick coat looked more majestic and gleamed brighter.

Nawet jego grube futro wyglądało bardziej majestatycznie i lśniło jaśniej.

Buck could have been mistaken for a giant timber wolf.

Bucka można było pomylić z olbrzymim wilkiem leśnym.

Except for brown on his muzzle and spots above his eyes.

Z wyjątkiem brązu na pysku i plamek nad oczami.

And the white streak of fur that ran down the middle of his chest.

I biały pas futra biegnący przez środek klatki piersiowej.

He was even larger than the biggest wolf of that fierce breed.

Był większy nawet od największego wilka tej groźnej rasy.

His father, a St. Bernard, gave him size and heavy frame.

Jego ojciec, bernardyna, obdarzył go wzrostem i masywną budową ciała.

His mother, a shepherd, shaped that bulk into wolf-like form.

Jego matka, pasterka, nadała tej bryle kształt przypominający wilka.

He had the long muzzle of a wolf, though heavier and broader.

Miał długi pysk wilka, chociaż był cięższy i szerszy.

His head was a wolf's, but built on a massive, majestic scale.

Jego głowa była wilcza, ale zbudowana na ogromną, majestatyczną skalę.

Buck's cunning was the cunning of the wolf and of the wild.

Przebiegłość Bucka była przebiegłością wilka i dziczy.

His intelligence came from both the German Shepherd and St. Bernard.

Jego inteligencja pochodziła zarówno od owczarka niemieckiego, jak i bernardyna.

All this, plus harsh experience, made him a fearsome creature.

Wszystko to, w połączeniu z trudnymi doświadczeniami, uczyniło z niego przerażającą istotę.

He was as formidable as any beast that roamed the northern wild.

Był równie groźny jak każde zwierzę zamieszkujące północne pustkowia.

Living only on meat, Buck reached the full peak of his strength.

Żyjąc wyłącznie na mięsie, Buck osiągnął szczyt swoich sił.

He overflowed with power and male force in every fiber of him.

Każda cząstka jego ciała emanowała mocą i męską siłą.

When Thornton stroked his back, the hairs sparked with energy.

Kiedy Thornton pogłaskał go po plecach, włoski na jego plecach zaiskrzyły energią.

Each hair crackled, charged with the touch of living magnetism.

Każdy włos trzeszczał, naładowany dotykiem żywego magnetyzmu.

His body and brain were tuned to the finest possible pitch.

Jego ciało i mózg były dostrojone do jak najlepszego słyszenia.

Every nerve, fiber, and muscle worked in perfect harmony.

Każdy nerw, włókno i mięsień pracował w idealnej harmonii.

To any sound or sight needing action, he responded instantly.

Na każdy dźwięk lub widok, który wymagał działania, reagował natychmiast.

If a husky leaped to attack, Buck could leap twice as fast.

Gdyby husky rzucił się do ataku, Buck mógłby skoczyć dwa razy szybciej.

He reacted quicker than others could even see or hear.

Zareagował szybciej, niż ktokolwiek mógł zobaczyć lub usłyszeć.

Perception, decision, and action all came in one fluid moment.

Spostrzeżenie, decyzja i działanie nastąpiły w jednym, płynnym momencie.

In truth, these acts were separate, but too fast to notice.

W rzeczywistości te akty były odrębne, ale nastąpiły zbyt szybko, by je zauważyć.

So brief were the gaps between these acts, they seemed as one.

Przerwy między tymi aktami były tak krótkie, że zdawały się stanowić jeden akt.

His muscles and being was like tightly coiled springs.

Jego mięśnie i istota przypominały mocno napięte sprężyny.

His body surged with life, wild and joyful in its power.

Jego ciało było pełne życia, dzikie i radosne w swojej sile.

At times he felt like the force was going to burst out of him entirely.

Czasami miał wrażenie, że cała moc zaraz z niego wyparuje.

"Never was there such a dog," Thornton said one quiet day.

„Nigdy nie było takiego psa" – powiedział Thornton pewnego spokojnego dnia.

The partners watched Buck striding proudly from the camp.

Partnerzy obserwowali, jak Buck dumnie wychodzi z obozowiska.

"When he was made, he changed what a dog can be," said Pete.

„Kiedy powstał, zmienił sposób, w jaki może wyglądać pies" – powiedział Pete.

"By Jesus! I think so myself," Hans quickly agreed.

„Na Jezusa! Ja też tak myślę" – Hans szybko się zgodził.

They saw him march off, but not the change that came after.

Widzieli, jak odmaszerował, ale nie widzieli zmiany, która nastąpiła później.

As soon as he entered the woods, Buck transformed completely.

Gdy tylko wszedł do lasu, Buck zmienił się diametralnie.

He no longer marched, but moved like a wild ghost among trees.

Już nie maszerował, lecz poruszał się jak dziki duch wśród drzew.

He became silent, cat-footed, a flicker passing through shadows.

Stał się cichy, poruszał się jak kot, niczym migotanie przechodzące przez cienie.

He used cover with skill, crawling on his belly like a snake.

Zręcznie korzystał z osłony, czołgając się na brzuchu niczym wąż.

And like a snake, he could leap forward and strike in silence.

I niczym wąż potrafił skoczyć do przodu i uderzyć w ciszy.

He could steal a ptarmigan straight from its hidden nest.

Potrafił ukraść pardwę prosto z jej ukrytego gniazda.

He killed sleeping rabbits without a single sound.

Zabijał śpiące króliki, nie wydając ani jednego dźwięku.

He could catch chipmunks midair as they fled too slowly.

Potrafił łapać wiewiórki w locie, gdy uciekały zbyt wolno.

Even fish in pools could not escape his sudden strikes.

Nawet ryby w stawach nie mogły uniknąć jego nagłych uderzeń.

Not even clever beavers fixing dams were safe from him.

Nawet sprytne bobry naprawiające tamy nie były przed nim bezpieczne.

He killed for food, not for fun—but liked his own kills best.

Zabijał dla pożywienia, nie dla zabawy – ale najbardziej lubił zabijać własne ofiary.

Still, a sly humor ran through some of his silent hunts.

Jednakże w niektórych jego cichych polowaniach wyczuwało się chytry humor.

He crept up close to squirrels, only to let them escape.

Podkradł się blisko wiewiórek, ale pozwolił im uciec.

They were going to flee to the trees, chattering in fearful outrage.

Zamierzali uciec w stronę drzew, szczebiocząc ze strachu i wściekłości.

As fall came, moose began to appear in greater numbers.

Jesienią łosie zaczęły pojawiać się w większej liczbie.

They moved slowly into the low valleys to meet the winter.

Powoli przesuwali się w głąb dolin, by spotkać zimę.

Buck had already brought down one young, stray calf.

Buck upolował już jedno młode, zagubione cielę.

But he longed to face larger, more dangerous prey.

Ale pragnął stawić czoła większej i bardziej niebezpiecznej zdobyczy.

One day on the divide, at the creek's head, he found his chance.

Pewnego dnia, na przełomie rzeki, u źródła potoku, znalazł swoją szansę.

A herd of twenty moose had crossed from forested lands.

Stado dwudziestu łosi przeszło z terenów leśnych.

Among them was a mighty bull; the leader of the group.

Wśród nich był potężny byk, przywódca grupy.

The bull stood over six feet tall and looked fierce and wild.

Byk miał ponad sześć stóp wysokości i wyglądał groźnie i dziko.

He tossed his wide antlers, fourteen points branching outward.

Rozłożył szerokie poroże, z którego czternaście ramion rozgałęziało się na zewnątrz.

The tips of those antlers stretched seven feet across.

Końce tych poroży miały siedem stóp szerokości.

His small eyes burned with rage as he spotted Buck nearby.

Jego małe oczy zapłonęły gniewem, gdy dostrzegł w pobliżu Bucka.

He let out a furious roar, trembling with fury and pain.

Wydał z siebie wściekły ryk, trzęsąc się z wściekłości i bólu.

An arrow-end stuck out near his flank, feathered and sharp.

Koniec strzały wystawał z jego boku, pierzasty i ostry.

This wound helped explain his savage, bitter mood.

Ta rana pomogła wyjaśnić jego dziki, gorzki nastrój.

Buck, guided by ancient hunting instinct, made his move.

Buck, kierowany starożytnym instynktem łowieckim, ruszył do akcji.

He aimed to separate the bull from the rest of the herd.

Jego celem było oddzielenie byka od reszty stada.

This was no easy task—it took speed and fierce cunning.

Nie było to łatwe zadanie — wymagało szybkości i ogromnej przebiegłości.

He barked and danced near the bull, just out of range.

Szczekał i tańczył w pobliżu byka, tuż poza jego zasięgiem.

The moose lunged with huge hooves and deadly antlers.

Łoś rzucił się naprzód, mając ogromne kopyta i śmiercionośne porożem.

One blow could have ended Buck's life in a heartbeat.

Jeden cios mógł w mgnieniu oka zakończyć życie Bucka.

Unable to leave the threat behind, the bull grew mad.

Byk wpadł w szał, ponieważ nie mógł pozbyć się zagrożenia.

He charged in fury, but Buck always slipped away.

Rzucił się do ataku z wściekłością, ale Buck zawsze uciekał.

Buck faked weakness, luring him farther from the herd.

Buck udawał słabość, odciągając go coraz dalej od stada.

But young bulls were going to charge back to protect the leader.

Jednak młode byki zamierzały zaszarżować, by chronić przywódcę.

They forced Buck to retreat and the bull to rejoin the group.

Zmusili Bucka do odwrotu, a byka do ponownego dołączenia do grupy.

There is a patience in the wild, deep and unstoppable.

W dziczy kryje się cierpliwość, głęboka i niepowstrzymana.

A spider waits motionless in its web for countless hours.

Pająk czeka nieruchomo w swojej sieci przez niezliczone godziny.

A snake coils without twitching, and waits till it is time.

Wąż zwija się bez drgnięcia i czeka, aż nadejdzie jego pora.

A panther lies in ambush, until the moment arrives.

Pantera czyha w zasadzce, aż nadejdzie właściwy moment.

This is the patience of predators who hunt to survive.

Taka jest cierpliwość drapieżników, którzy polują, aby przetrwać.

That same patience burned inside Buck as he stayed close.

Ta sama cierpliwość płonęła w Bucku, gdy trzymał się blisko.

He stayed near the herd, slowing its march and stirring fear.

Trzymał się blisko stada, spowalniając jego marsz i wzbudzając strach.

He teased the young bulls and harassed the mother cows.

Drażnił młode byki i nękał matki-krowy.

He drove the wounded bull into a deeper, helpless rage.

Doprowadził rannego byka do jeszcze większej, bezsilnej wściekłości.

For half a day, the fight dragged on with no rest at all.

Walka trwała pół dnia bez chwili wytchnienia.

Buck attacked from every angle, fast and fierce as wind.

Buck atakował z każdej strony, szybko i gwałtownie jak wiatr.

He kept the bull from resting or hiding with its herd.

Nie pozwalał bykowi odpoczywać ani ukrywać się ze stadem.

Buck wore down the moose's will faster than its body.

Buck osłabiał wolę łosia szybciej, niż jego ciało.

The day passed and the sun sank low in the northwest sky.

Dzień minął, a słońce schowało się nisko na północno-zachodnim niebie.

The young bulls returned more slowly to help their leader.

Młode byki wracały wolniej, by pomóc swemu przywódcy.

Fall nights had returned, and darkness now lasted six hours.

Wróciły noce jesienne, a ciemność trwała teraz sześć godzin.

Winter was pressing them downhill into safer, warmer valleys.

Zima zmuszała ich do zejścia w dół, w bezpieczniejsze i cieplejsze doliny.

But still they couldn't escape the hunter that held them back.

Ale nadal nie udało im się uciec przed myśliwym, który ich powstrzymywał.

Only one life was at stake—not the herd's, just their leader's.

Stawką było życie tylko jednego człowieka — nie stada, lecz jego przywódcy.

That made the threat distant and not their urgent concern.

To sprawiło, że zagrożenie stało się odległe i nie stanowiło już dla nich pilnego problemu.

In time, they accepted this cost and let Buck take the old bull.

Z czasem zaakceptowali ten koszt i pozwolili Buckowi wziąć starego byka.

As twilight settled in, the old bull stood with his head down.

Gdy zapadł zmrok, stary byk stanął z opuszczoną głową.

He watched the herd he had led vanish into the fading light.

Patrzył, jak stado, które poprowadził, znika w zanikającym świetle.

There were cows he had known, calves he had once fathered.

Były tam krowy, które znał, i cielęta, które kiedyś był ojcem.

There were younger bulls he had fought and ruled in past seasons.

W poprzednich sezonach walczył i dowodził młodszymi bykami.

He could not follow them—for before him crouched Buck again.

Nie mógł pójść za nimi, bo przed nim znów przycupnął Buck.

The merciless fanged terror blocked every path he might take.

Bezlitosny terror o zębach blokował każdą ścieżkę, którą mógł podążać.

The bull weighed more than three hundredweight of dense power.

Byk ważył ponad trzysta funtów gęstej mocy.

He had lived long and fought hard in a world of struggle.

Żył długo i walczył dzielnie w świecie zmagań.

Yet now, at the end, death came from a beast far beneath him.

Jednak teraz, u kresu jego dni, śmierć przyszła od bestii żyjącej daleko pod nim.

Buck's head did not even rise to the bull's huge knuckled knees.

Głowa Bucka nawet nie dotknęła potężnych kolan byka.

From that moment on, Buck stayed with the bull night and day.

Od tego momentu Buck towarzyszył bykowi dzień i noc.

He never gave him rest, never allowed him to graze or drink.

Nigdy nie dawał mu odpoczynku, nie pozwalał mu jeść ani pić.

The bull tried to eat young birch shoots and willow leaves.

Byk próbował zjeść młode pędy brzozy i liście wierzby.

But Buck drove him off, always alert and always attacking.

Ale Buck go odpędził, zawsze czujny i ciągle atakujący.

Even at trickling streams, Buck blocked every thirsty attempt.

Nawet w rwących strumieniach Buck blokował każdą próbę ataku.

Sometimes, in desperation, the bull fled at full speed.

Czasami, w desperacji, byk uciekał na pełnej prędkości.

Buck let him run, loping calmly just behind, never far away.

Buck pozwolił mu biec, a ten spokojnie kłusował tuż za nim, nigdy za daleko.

When the moose paused, Buck lay down, but stayed ready.

Kiedy łoś się zatrzymał, Buck położył się, ale pozostał gotowy.

If the bull tried to eat or drink, Buck struck with full fury.

Jeśli byk próbował jeść lub pić, Buck atakował z całą furią.

The bull's great head sagged lower under its vast antlers.

Ogromna głowa byka opadała coraz niżej pod jego wielkim porożem.

His pace slowed, the trot became a heavy; a stumbling walk.

Jego tempo zwolniło, kłus stał się ciężki; chód stał się potykającym się krokiem.

He often stood still with drooped ears and nose to the ground.

Często stał nieruchomo z opadniętymi uszami i nosem przy ziemi.

During those moments, Buck took time to drink and rest.

W tych chwilach Buck poświęcał czas na picie i odpoczynek.

Tongue out, eyes fixed, Buck sensed the land was changing.

Buck wystawił język i utkwił wzrok w ziemi i wyczuł, że ziemia się zmienia.

He felt something new moving through the forest and sky.

Wyczuł, że coś nowego porusza się w lesie i na niebie.

As moose returned, so did other creatures of the wild.

Gdy powróciły łosie, powróciły również inne dzikie zwierzęta.

The land felt alive with presence, unseen but strongly known.

Ziemia tętniła życiem, była niewidzialna, ale silnie znana.

It was not by sound, sight, nor by scent that Buck knew this.

Buck nie wiedział tego po dźwięku, wzroku ani zapachu.

A deeper sense told him that new forces were on the move.

Głębsze przeczucie podpowiadało mu, że nadchodzą nowe siły.

Strange life stirred through the woods and along the streams.

W lasach i wzdłuż strumieni tętniło dziwne życie.

He resolved to explore this spirit, after the hunt was complete.

Postanowił zbadać tego ducha po zakończeniu polowania.

On the fourth day, Buck brought down the moose at last.

Czwartego dnia Buckowi w końcu udało się upolować łosia.

He stayed by the kill for a full day and night, feeding and resting.

Pozostawał przy upolowanej zwierzynie przez cały dzień i noc, jedząc i odpoczywając.

He ate, then slept, then ate again, until he was strong and full.

Zjadł, potem poszedł spać, potem znowu jadł, aż był silny i pełny.

When he was ready, he turned back toward camp and Thornton.

Gdy był gotowy, zawrócił w stronę obozu i Thornton.

With steady pace, he began the long return journey home.

Stałym tempem rozpoczął długą podróż powrotną do domu.

He ran in his tireless lope, hour after hour, never once straying.

Biegł swoim niestrudzonym tempem, godzinami i ani razu nie zboczył z trasy.

Through unknown lands, he moved straight as a compass needle.

Przez nieznane krainy poruszał się prosto jak igła kompasu.

His sense of direction made man and map seem weak by comparison.

W porównaniu z nim człowiek i mapa wydawały się słabe.

As Buck ran, he felt more strongly the stir in the wild land.

Im bardziej Buck biegł, tym mocniej odczuwał poruszenie w dzikiej krainie.

It was a new kind of life, unlike that of the calm summer months.

To był zupełnie nowy rodzaj życia, niepodobny do tego, jakie znaliśmy z spokojnych letnich miesięcy.

This feeling no longer came as a subtle or distant message.

To uczucie nie było już subtelnym i odległym przekazem.

Now the birds spoke of this life, and squirrels chattered about it.

Ptaki opowiadały o tym życiu, a wiewiórki o nim ćwierkały.

Even the breeze whispered warnings through the silent trees.

Nawet wiatr szeptał ostrzeżenia przez ciche drzewa.

Several times he stopped and sniffed the fresh morning air.

Kilkakrotnie zatrzymywał się i wdychał świeże poranne powietrze.

He read a message there that made him leap forward faster.

Przeczytał tam wiadomość, która sprawiła, że skoczył naprzód jeszcze szybciej.

A heavy sense of danger filled him, as if something had gone wrong.

Ogarnęło go silne poczucie zagrożenia, jakby coś poszło nie tak.

He feared calamity was coming—or had already come.

Obawiał się, że nieszczęście nadejdzie — albo że już nadeszło.

He crossed the last ridge and entered the valley below.

Przekroczył ostatni grzbiet i wszedł w dolinę poniżej.

He moved more slowly, alert and cautious with every step.

Poruszał się wolniej, był czujniejszy i ostrożniejszy z każdym krokiem.

Three miles out he found a fresh trail that made him stiffen.

Trzy mile dalej znalazł świeży ślad, który sprawił, że zesztywniał.

The hair along his neck rippled and bristled in alarm.

Włosy na jego szyi zjeżyły się i zjeżyły ze strachu.

The trail led straight toward the camp where Thornton waited.

Szlak wiódł prosto do obozowiska, gdzie czekał Thornton.

Buck moved faster now, his stride both silent and swift.

Buck poruszał się teraz szybciej, jego kroki były jednocześnie ciche i szybkie.

His nerves tightened as he read signs others were going to miss.

Jego nerwy napinały się, gdy czytał znaki, które inni mogli przegapić.

Each detail in the trail told a story—except the final piece.

Każdy szczegół na szlaku opowiadał historię — z wyjątkiem ostatniego fragmentu.

His nose told him about the life that had passed this way.

Jego nos opowiedział mu o życiu, które tu przeminęło.

The scent gave him a changing picture as he followed close behind.

Zapach ten nadał mu zmieniający się obraz, gdy podążał tuż za nim.

But the forest itself had gone quiet; unnaturally still.

Lecz w samym lesie zapanowała cisza; nienaturalna nieruchomość.

Birds had vanished, squirrels were hidden, silent and still.

Ptaki zniknęły, wiewiórki się ukryły, były ciche i nieruchome.

He saw only one gray squirrel, flat on a dead tree.

Zobaczył tylko jedną szarą wiewiórkę, leżącą płasko na martwym drzewie.

The squirrel blended in, stiff and motionless like a part of the forest.

Wiewiórka wtopiła się w tłum, sztywna i nieruchoma, niczym część lasu.

Buck moved like a shadow, silent and sure through the trees.

Buck poruszał się niczym cień, cicho i pewnie wśród drzew.

His nose jerked sideways as if pulled by an unseen hand.

Jego nos drgnął na bok, jakby pociągała go jakaś niewidzialna ręka.

He turned and followed the new scent deep into a thicket.

Odwrócił się i podążył za nowym zapachem głęboko w gąszcz.

There he found Nig, lying dead, pierced through by an arrow.

Tam znalazł Niga, leżącego martwego, przebitego strzałą.

The shaft passed clear through his body, feathers still showing.

Strzała przeszła na wylot przez jego ciało, a pióra wciąż były widoczne.

Nig had dragged himself there, but died before reaching help.

Nig dotarł tam o własnych siłach, ale zmarł zanim zdążył wezwać pomoc.

A hundred yards farther on, Buck found another sled dog.

Sto metrów dalej Buck spotkał kolejnego psa zaprzęgowego.

It was a dog that Thornton had bought back in Dawson City.

Był to pies, którego Thornton kupił w Dawson City.

The dog was in a death struggle, thrashing hard on the trail.

Pies toczył walkę na śmierć i życie, rzucając się z całych sił na szlaku.

Buck passed around him, not stopping, eyes fixed ahead.

Buck ominął go, nie zatrzymując się, ze wzrokiem utkwionym przed siebie.

From the direction of the camp came a distant, rhythmic chant.

Z obozu dobiegał daleki, rytmiczny śpiew.

Voices rose and fell in a strange, eerie, sing-song tone.

Głosy wznosiły się i opadały, tworząc dziwny, niesamowity, śpiewny ton.

Buck crawled forward to the edge of the clearing in silence.

Buck w milczeniu podpełzł na skraj polany.

There he saw Hans lying face-down, pierced with many arrows.

Tam zobaczył Hansa leżącego twarzą do dołu, przebitego wieloma strzałami.

His body looked like a porcupine, bristling with feathered shafts.

Jego ciało przypominało jeżozwierza, najeżone pierzastymi trzonkami.

At the same moment, Buck looked toward the ruined lodge.

W tym samym momencie Buck spojrzał w stronę zniszczonego domku.

The sight made the hair rise stiff on his neck and shoulders.

Ten widok sprawił, że włosy stanęły mu dęba na szyi i ramionach.

A storm of wild rage swept through Buck's whole body.

Burza dzikiej wściekłości ogarnęła całe ciało Bucka.

He growled aloud, though he did not know that he had.

Warknął głośno, choć nie był tego świadomy.

The sound was raw, filled with terrifying, savage fury.

Dźwięk był surowy, pełen przerażającej, dzikiej furii.

For the last time in his life, Buck lost reason to emotion.

Po raz ostatni w życiu Buck stracił rozum na rzecz emocji.

It was love for John Thornton that broke his careful control.

To właśnie miłość do Johna Thorntona złamała jego staranną kontrolę.

The Yeehats were dancing around the wrecked spruce lodge.

Yeehatsowie tańczyli wokół zniszczonego świerkowego domku.

Then came a roar—and an unknown beast charged toward them.

Potem rozległ się ryk i nieznana bestia rzuciła się w ich stronę.

It was Buck; a fury in motion; a living storm of vengeance.

To był Buck; furia w ruchu; żywa burza zemsty.

He flung himself into their midst, mad with the need to kill.

Rzucił się między nich, oszalały z potrzeby zabijania.

He leapt at the first man, the Yeehat chief, and struck true.

Rzucił się na pierwszego mężczyznę, wodza Yeehatów, i uderzył celnie.

His throat was ripped open, and blood spouted in a stream.

Jego gardło było rozerwane, a krew tryskała strumieniem.

Buck did not stop, but tore the next man's throat with one leap.

Buck nie zatrzymał się, lecz jednym skokiem rozerwał gardło następnego mężczyzny.

He was unstoppable—ripping, slashing, never pausing to rest.

Był niepowstrzymany – rozrywał, rąbał i nigdy nie odpoczywał.

He darted and sprang so fast their arrows could not touch him.

Rzucił się i skoczył tak szybko, że ich strzały nie mogły go dosięgnąć.

The Yeehats were caught in their own panic and confusion.

Yeehatsowie ogarnęła panika i dezorientacja.

Their arrows missed Buck and struck one another instead.

Ich strzały chybiły Bucka i trafiły się w siebie.

One youth threw a spear at Buck and hit another man.

Jeden z młodzieńców rzucił włócznią w Bucka i trafił innego mężczyznę.

The spear drove through his chest, the point punching out his back.

Włócznia przebiła mu klatkę piersiową, a jej ostrze przebiło plecy.

Terror swept over the Yeehats, and they broke into full retreat.

Yeehatów ogarnęła panika i natychmiast się wycofali.

They screamed of the Evil Spirit and fled into the forest shadows.

Krzyczeli, że jest Zły Duch i uciekli w cienie lasu.

Truly, Buck was like a demon as he chased the Yeehats down.

Buck naprawdę zachowywał się jak demon, ścigając Yeehatów.

He tore after them through the forest, bringing them down like deer.

Pobiegł za nimi przez las i powalił ich jak jelenie.

It became a day of fate and terror for the frightened Yeehats.

Dla przestraszonych Yeehatów stał się to dzień losu i grozy.

They scattered across the land, fleeing far in every direction.

Rozproszyli się po całym kraju, uciekając w każdym kierunku.

A full week passed before the last survivors met in a valley.

Minął cały tydzień, zanim ostatni ocaleni spotkali się w dolinie.

Only then did they count their losses and speak of what happened.

Dopiero wtedy policzyli straty i opowiedzieli, co się wydarzyło.

Buck, after tiring of the chase, returned to the ruined camp.

Buck, zmęczywszy się pościgiem, powrócił do zniszczonego obozu.

He found Pete, still in his blankets, killed in the first attack.

Znalazł Pete'a, nadal zawiniętego w koc, zabitego w pierwszym ataku.

Signs of Thornton's last struggle were marked in the dirt nearby.

W pobliżu na ziemi widać ślady ostatniej walki Thorntona.

Buck followed every trace, sniffing each mark to a final point.

Buck podążał każdym śladem, węsząc każdy znak aż do ostatniego punktu.

At the edge of a deep pool, he found faithful Skeet, lying still.

Na skraju głębokiego basenu znalazł wiernego Skeeta, leżącego nieruchomo.

Skeet's head and front paws were in the water, unmoving in death.

Głowa i przednie łapy Skeeta znajdowały się w wodzie, nieruchome, gdy umarł.

The pool was muddy and tainted with runoff from the sluice boxes.

Basen był błotnisty i zanieczyszczony ściekami ze śluz.

Its cloudy surface hid what lay beneath, but Buck knew the truth.

Jego chmurzasta powierzchnia ukrywała to, co znajdowało się pod spodem, ale Buck znał prawdę.

He tracked Thornton's scent into the pool—but the scent led nowhere else.

Podążył za zapachem Thorntona do basenu, ale zapach nie prowadził nigdzie indziej.

There was no scent leading out—only the silence of deep water.

Nie było czuć żadnego zapachu, tylko cisza głębokiej wody.

All day Buck stayed near the pool, pacing the camp in grief.

Buck cały dzień przebywał przy basenie i pogrążony w smutku przechadzał się po obozie.

He wandered restlessly or sat in stillness, lost in heavy thought.

Wędrował niespokojnie albo siedział w bezruchu, pogrążony w głębokich myślach.

He knew death; the ending of life; the vanishing of all motion.

Znał śmierć, koniec życia, zanik wszelkiego ruchu.

He understood that John Thornton was gone, never to return.

Zrozumiał, że John Thornton odszedł i nigdy nie wróci.

The loss left an empty space in him that throbbed like hunger.

Strata pozostawiła w nim pustkę, która pulsowała jak głód.

But this was a hunger food could not ease, no matter how much he ate.

Ale głód ten nie mógł zostać zaspokojony jedzeniem, bez względu na to, ile zjadł.

At times, as he looked at the dead Yeehats, the pain faded.

Czasami, gdy patrzył na martwych Yeehatów, ból ustępował.

And then a strange pride rose inside him, fierce and complete.

A potem w jego wnętrzu narodziła się dziwna duma, dzika i całkowita.

He had killed man, the highest and most dangerous game of all.

Zabił człowieka, najgorszą i najniebezpieczniejszą ze wszystkich gier.

He had killed in defiance of the ancient law of club and fang.

Zabił wbrew starożytnemu prawu pałki i kłów.

Buck sniffed their lifeless bodies, curious and thoughtful.

Buck powąchał ich martwe ciała, ciekawy i zamyślony.

They had died so easily—much easier than a husky in a fight.

Zginęli tak łatwo – o wiele łatwiej niż husky w walce.

Without their weapons, they had no true strength or threat.

Bez broni nie mieli prawdziwej siły i nie stanowili żadnego zagrożenia.

Buck was never going to fear them again, unless they were armed.

Buck nigdy więcej nie miał się ich bać, chyba że byli uzbrojeni.

Only when they carried clubs, spears, or arrows he'd beware.

Uważał tylko wtedy, gdy mieli przy sobie maczugi, włócznie lub strzały.

Night fell, and a full moon rose high above the tops of the trees.

Zapadła noc, a księżyc w pełni wzniósł się wysoko nad czubkami drzew.

The moon's pale light bathed the land in a soft, ghostly glow like day.

Blade światło księżyca skąpało ziemię w miękkim, upiornym blasku, niczym w dzień.

As the night deepened, Buck still mourned by the silent pool.

Gdy noc robiła się coraz ciemniejsza, Buck wciąż pogrążony był w żałobie nad cichym basenem.

Then he became aware of a different stirring in the forest.

Wtedy zauważył w lesie jakieś dziwne poruszenie.

The stirring was not from the Yeehats, but from something older and deeper.

To poruszenie nie pochodziło od Yeehatów, ale od czegoś starszego i głębszego.

He stood up, ears lifted, nose testing the breeze with care.

Wstał, nastawił uszy i ostrożnie sprawdził nosem wiatr.

From far away came a faint, sharp yelp that pierced the silence.

Z oddali dobiegł słaby, ostry krzyk, który przeciął ciszę.

Then a chorus of similar cries followed close behind the first.

Potem zaraz po pierwszym okrzyku rozległ się chór podobnych okrzyków.

The sound drew nearer, growing louder with each passing moment.

Dźwięk był coraz głośniejszy i zbliżał się z każdą chwilą.

Buck knew this cry—it came from that other world in his memory.

Buck znał ten krzyk — dochodził z innego świata w jego pamięci.

He walked to the center of the open space and listened closely.

Podszedł do środka otwartej przestrzeni i uważnie nasłuchiwał.

The call rang out, many-noted and more powerful than ever.

Wezwanie zabrzmiało głośno i potężniej niż kiedykolwiek.

And now, more than ever before, Buck was ready to answer his calling.

I teraz, bardziej niż kiedykolwiek, Buck był gotowy odpowiedzieć na swoje powołanie.

John Thornton was dead, and no tie to man remained within him.

John Thornton nie żył i nie czuł już żadnego związku z człowiekiem.

Man and all human claims were gone—he was free at last.

Człowiek i wszelkie ludzkie roszczenia zniknęły – w końcu był wolny.

The wolf pack were chasing meat like the Yeehats once had.

Stado wilków polowało na mięso, tak jak kiedyś robili to Yeehatowie.

They had followed moose down from the timbered lands.

Podążali za łosiami schodzącymi z zalesionych terenów.

Now, wild and hungry for prey, they crossed into his valley.

Teraz, dzicy i głodni zdobyczy, weszli do jego doliny.

Into the moonlit clearing they came, flowing like silver water.

Wyszli na rozświetloną księżycem polanę, płynąc niczym srebrzysta woda.

Buck stood still in the center, motionless and waiting for them.

Buck stał nieruchomo na środku, czekając na nich.

His calm, large presence stunned the pack into a brief silence.

Jego spokojna, duża postać wprawiła w osłupienie stado, które na chwilę zamilkło.

Then the boldest wolf leapt straight at him without hesitation.

Wtedy najodważniejszy wilk bez wahania rzucił się prosto na niego.

Buck struck fast and broke the wolf's neck in a single blow.

Buck uderzył szybko i jednym ciosem złamał kark wilka.

He stood motionless again as the dying wolf twisted behind him.

Znów stanął bez ruchu, gdy umierający wilk kręcił się za nim.

Three more wolves attacked quickly, one after the other.

Trzy kolejne wilki zaatakowały szybko, jeden po drugim.

Each retreated bleeding, their throats or shoulders slashed.

Każdy z nich wycofywał się krwawiąc, z podciętymi gardłami i ramionami.

That was enough to trigger the whole pack into a wild charge.

To wystarczyło, by całe stado rzuciło się do dzikiej szarży.

They rushed in together, too eager and crowded to strike well.

Wpadli razem, zbyt chętni i stłoczeni, by uderzyć skutecznie.

Buck's speed and skill allowed him to stay ahead of the attack.

Szybkość i umiejętności Bucka pozwoliły mu wyprzedzić atak.

He spun on his hind legs, snapping and striking in all directions.

Obrócił się na tylnych nogach, kłapiąc i uderzając we wszystkich kierunkach.

To the wolves, this seemed like his defense never opened or faltered.

Dla wilków wyglądało to tak, jakby jego obrona w ogóle się nie otworzyła lub osłabła.

He turned and slashed so quickly they could not get behind him.

Odwrócił się i ciął tak szybko, że nie mogli się za nim ukryć.

Nonetheless, their numbers forced him to give ground and fall back.

Jednakże ich przewaga zmusiła go do ustąpienia i wycofania się.

He moved past the pool and down into the rocky creek bed.

Minął basen i zszedł w dół, ku kamienistemu korytu strumienia.

There he came up against a steep bank of gravel and dirt.

Tam natknął się na stromą skarpę żwiru i brudu.

He edged into a corner cut during the miners' old digging.

Wcisnął się w narożnik wykopany przez górników.

Now, protected on three sides, Buck faced only the front wolf.

Chroniony z trzech stron Buck musiał stawić czoła tylko wilkowi z przodu.

There, he stood at bay, ready for the next wave of assault.

Tam stał w odosobnieniu, gotowy na kolejną falę ataku.

Buck held his ground so fiercely that the wolves drew back.

Buck bronił swojej pozycji tak zaciekle, że wilki się wycofały.

After half an hour, they were worn out and visibly defeated.

Po pół godzinie byli wyczerpani i widocznie pokonani.

Their tongues hung out, their white fangs gleamed in moonlight.

Ich języki były wysunięte, a białe kły błyszczały w świetle księżyca.

Some wolves lay down, heads raised, ears pricked toward Buck.

Niektóre wilki położyły się, podnosząc głowy i nastawiając uszy w stronę Bucka.

Others stood still, alert and watching his every move.

Inni stali nieruchomo, czujni i obserwowali każdy jego ruch.

A few wandered to the pool and lapped up cold water.

Kilku poszło do basenu i chłeptało zimną wodę.

Then one long, lean gray wolf crept forward in a gentle way.

Wtedy jeden długi, chudy, szary wilk delikatnie podkradł się do przodu.

Buck recognized him—it was the wild brother from before.

Buck rozpoznał go — to był ten sam dziki brat, co wcześniej.

The gray wolf whined softly, and Buck replied with a whine.

Szary wilk zaskomlał cicho, a Buck odpowiedział mu tym samym.

They touched noses, quietly and without threat or fear.

Dotykali się nosami, cicho, bez groźby czy strachu.

Next came an older wolf, gaunt and scarred from many battles.

Następnie pojawił się starszy wilk, wychudzony i poznaczony bliznami odniesionymi w wielu bitwach.

Buck started to snarl, but paused and sniffed the old wolf's nose.

Buck zaczął warczeć, ale zatrzymał się i powąchał nos starego wilka.

The old one sat down, raised his nose, and howled at the moon.

Starzec usiadł, podniósł nos i zawył do księżyca.

The rest of the pack sat down and joined in the long howl.

Reszta watahy usiadła i przyłączyła się do długiego wycia.

And now the call came to Buck, unmistakable and strong.

I oto Buck usłyszał wezwanie, nieomylne i mocne.

He sat down, lifted his head, and howled with the others.

Usiadł, podniósł głowę i zawył razem z innymi.

When the howling ended, Buck stepped out of his rocky shelter.

Kiedy wycie ucichło, Buck wyszedł ze swego kamiennego schronienia.

The pack closed in around him, sniffing both kindly and warily.

Stado zamknęło się wokół niego, węsząc jednocześnie życzliwie i ostrożnie.

Then the leaders gave the yelp and dashed off into the forest.

Wtedy przywódcy wydali okrzyk i pobiegli do lasu.

The other wolves followed, yelping in chorus, wild and fast in the night.

Pozostałe wilki podążyły za nimi, wyjąc chórem, dziko i szybko w nocy.

Buck ran with them, beside his wild brother, howling as he ran.

Buck biegł razem z nimi, obok swego dzikiego brata, wyjąc w trakcie biegu.

Here, the story of Buck does well to come to its end.

Tutaj historia Bucka dobiega końca.

In the years that followed, the Yeehats noticed strange wolves.

W kolejnych latach Yeehatowie zaczęli zauważać dziwne wilki.

Some had brown on their heads and muzzles, white on the chest.

Niektóre miały brązowe głowy i pyski, a białe klatki piersiowe.

But even more, they feared a ghostly figure among the wolves.

Ale jeszcze bardziej bali się widmowej postaci pośród wilków.

They spoke in whispers of the Ghost Dog, leader of the pack.

Szeptem rozmawiali o Psie Duchu, przywódcy stada.

This Ghost Dog had more cunning than the boldest Yeehat hunter.

Ten Pies Duch był bardziej przebiegły niż najodważniejszy łowca Yeehatów.

The ghost dog stole from camps in deep winter and tore their traps apart.

W środku zimy duchy psów kradły obozy i rozrywały pułapki.

The ghost dog killed their dogs and escaped their arrows without a trace.

Duch psa zabił ich psy i uniknął strzał bez śladu.

Even their bravest warriors feared to face this wild spirit.

Nawet ich najdzielniejsi wojownicy bali się stawić czoła temu dzikiemu duchowi.

No, the tale grows darker still, as the years pass in the wild.

Nie, historia staje się coraz mroczniejsza, im więcej lat mija na wolności.

Some hunters vanish and never return to their distant camps.

Niektórzy myśliwi znikają i nigdy nie wracają do swoich odległych obozów.

Others are found with their throats torn open, slain in the snow.

Innych znaleziono zabitych na śniegu, z rozerwanymi gardłami.

Around their bodies are tracks—larger than any wolf could make.

Na ich ciałach widać ślady — większe, niż mógłby zostawić jakikolwiek wilk.

Each autumn, Yeehats follow the trail of the moose.

Każdej jesieni Yeehats podążają śladami łosia.

But they avoid one valley with fear carved deep into their hearts.

Jednak unikają jednej doliny, bo strach głęboko zapisał się w ich sercach.

They say the valley is chosen by the Evil Spirit for his home.

Mówią, że dolinę tę wybrał Zły Duch na swój dom.

And when the tale is told, some women weep beside the fire.

A gdy opowieść została opowiedziana, niektóre kobiety płakały przy ogniu.

But in summer, one visitor comes to that quiet, sacred valley.

Ale latem do tej spokojnej, świętej doliny przybywa pewien turysta.

The Yeehats do not know of him, nor could they understand.

Yeehatowie nie wiedzą o nim i nie są w stanie go zrozumieć.

The wolf is a great one, coated in glory, like no other of his kind.

Wilk jest wielki, okryty chwałą, jak żaden inny w jego gatunku.

He alone crosses from green timber and enters the forest glade.

On sam wychodzi z zielonego lasu i wchodzi na polanę leśną.

There, golden dust from moose-hide sacks seeps into the soil.

Tam złoty pył z worków ze skóry łosia wsiąka w glebę.

Grass and old leaves have hidden the yellow from the sun.

Trawa i stare liście zasłoniły żółty kolor przed słońcem.

Here, the wolf stands in silence, thinking and remembering.

Tutaj wilk stoi w ciszy, rozmyśla i wspomina.

He howls once—long and mournful—before he turns to go.

Wyje raz — długo i żałośnie — zanim odwraca się, by odejść.

Yet he is not always alone in the land of cold and snow.

Jednak nie zawsze jest sam w krainie zimna i śniegu.

When long winter nights descend on the lower valleys.

Gdy długie zimowe noce zapadają w dolinach.

When the wolves follow game through moonlight and frost.

Kiedy wilki podążają za zwierzyną w świetle księżyca i mrozie.

Then he runs at the head of the pack, leaping high and wild.

Następnie biegnie na czele grupy, skacząc wysoko i dziko.

His shape towers over the others, his throat alive with song.

Jego sylwetka góruje nad pozostałymi, a gardło rozbrzmiewa pieśnią.

It is the song of the younger world, the voice of the pack.

To pieśń młodego świata, głos stada.

He sings as he runs—strong, free, and forever wild.

Śpiewa podczas biegu – silny, wolny i wiecznie dziki.